U0639708

国家自然科学基金资助项目"我国博士生学术成长路径的实证研究：内涵测量、作用机制与优化策略"（72104174）

博士生科研生产力
发展路径分析

Path Analysis of Doctoral Students' Research
Productivity Development

李莞荷 著

社会科学文献出版社
SOCIAL SCIENCES ACADEMIC PRESS (CHINA)

目　　录

第 1 章
绪　论

1.1　研究背景与意义

1.1.1　博士生教育的重要地位日益凸显

当今世界格局正处于大发展大变革之中，以知识经济和科技实力为基础的综合国力的较量愈显深刻。博士生教育作为国民教育体系的最高阶段，是推动知识生产和科技创新的重要力量，也是培养高水平科研创新人才的主要渠道，对于提升国家综合竞争实力，建设人才强国、科技强国、教育强国有着重要战略意义。面对全球秩序重构、新一轮科技革命与产业变革，在近年逆全球化、单边主义和保护主义趋势蔓延的情境下，发展博士生教育有助于切实提高我国的原始创新能力，瞄准"卡脖子"技术领域和重大民生需求，实现更多"从 0 到 1"的重大突破和高水平科学技术自立自强。将视线投向当下中国高校"双一流"建设，博士生教育作为教学、科研的结合点和人才、科技、创新的连接点，也可以更多地发挥引领与辐射作用，有助于高校全面提升教育教学质量和科研水平，扩大学术声誉和国际影响力，从而向更高层次的世界一流大学迈进。再将视线转向博士生个人的成长发展，博士生教育时期的学习与科研训练是其实现学者社会化的重要环节，是从学生向学者过渡的重要阶段。因此，关注博士生教育问题，着力提升博士研究生的科研水平，既是回应国家层面的战略需要，也是贴合高校建设世界一流大学和一流学科的需求，更对博士生的个人成长和职业生涯发展具有重要意义。

进入21世纪，世界各国特别是高等教育发达国家开始集中反思博士生教育，相继出版了相关研究报告并推出博士生教育变革行动计划。例如，美国卡内基博士生教育创新计划（Carnegie Initiative on the Doctorate，CID），意在探索如何变革博士生教育，才能使博士生培养目标与实践相匹配；欧洲研究型大学联盟发布了《保持博士生教育质量文化》（*Maintaining a Quality Culture in Doctoral Education*），探讨成员大学如何开发、维护和评估博士生教育质量文化，通过确立适宜的培养目标和研究环境，营造浓厚的研究氛围，建立严谨的质量保证流程来实现博士生的高质量培养[①]；日本陆续推出博士生教育引领计划、卓越研究生院等变革行动计划，旨在培养高层次人才；我国也在不断探索提高博士生培养质量、创新博士生教育机制的方法。2017年，教育部学位管理与研究生教育司选取并支持14所博士生培养单位开展试点工作，探索有效的体制机制，破除制约博士研究生教育质量提高的障碍，积累政策样本和有效经验，使我国博士研究生培养质量得以持续提升[②]。可见，博士生教育变革已经成为世界范围创新与人才领域聚焦的议程点。

1.1.2 博士生愈发广泛而深入地参与科研

自1982年授予首批博士学位至今，我国博士学位授予数量增长迅速。如图1-1所示，1999年，我国授予博士学位数量首次突破万人，之后的20年里，博士学位授予数量迅速增长。2010年，授予博士学位数量已经超过5万人。截至2019年，我国当年授予博士学位近7万人，累计授予博士学位近92万人，在校博士生42万余人，我国已经成为名

---

① League of European Research Universities. 2016. *Maintaining a Quality Culture in Doctoral Education*. https：//www.leru.org/files/Maintaining-a-Quality-Culture-in-Doctoral-Education-Full-paper.pdf.

② 《关于开展博士研究生教育综合改革试点工作的通知》，http：//www.moe.gov.cn/s78/A22/xwb_left/moe_826/201708/t20170804_310685.html。

副其实的博士生教育大国。

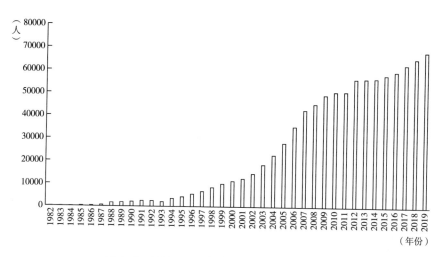

图 1-1　1982~2019 年我国授予博士学位情况

而且，博士生越来越广泛而深入地参与科研活动并发挥着重要的作用，规模庞大的博士生群体有力支撑了科技创新和国家战略发展。作为博士生培养主体的高校，承担了全国 60% 以上的基础研究工作和国家重大科研任务，产出了全国 80% 以上的高水平论文和重大成果（赵婀娜、张烁、吴月，2020）。可以说，博士生的培养质量决定了大学人才培养和学术创新的高度，标志着一个国家教育的高度和国家的核心竞争力（邱勇，2017；洪大用，2020）。尤其是理工类学科的博士生，常被视为科研队伍的后备军和生力军，很多研究项目都是依靠博士生作为团队主力完成的，这些博士生的学位论文也多出自研究项目，且大多成为其未来的主要研究方向。据统计，在国内获得博士学位的国家杰出青年科学基金获得者中，有 7.6% 的博士学位获得者的学位论文是以基金项目为背景的（路宁、王亚杰、胡天军、王成红、张香平，2002）。国家自然科学基金各类项目的组成成员中，博士生也占据了较高比例。2020年，博士生参与的国家自然科学基金各类项目中，重点项目占比已经接近 1/3，面上项目占比超过 1/4（见表 1-1）。科研项目已经成为博士生培养的重要载体。

表 1-1　2011~2020 年国家自然科学基金各类项目中博士生成员情况

单位：%

年份	面上项目	重点项目	青年项目	地区项目
2011	22.54	28.82	18.99	5.62
2012	22.52	28.78	18.31	5.66
2013	22.79	29.17	17.58	5.53
2014	23.29	29.48	17.14	5.29
2015	23.14	30.33	16.69	4.93
2016	23.86	30.86	16.70	5.24
2017	24.00	29.56	16.99	6.06
2018	24.00	30.06	17.51	5.98
2019	22.60	30.33	—	6.68
2020	25.33	31.52	—	7.72

说明：数据整理自国家自然科学基金委员会历年年度报告，其中青年项目自 2019 年起不再统计项目成员情况，故 2019~2020 年该数据为空。

不仅如此，博士生在科研活动中也有着亮眼的表现。据统计，在国内发表的高水平论文中，博士生作为第一作者或通讯作者的论文比例约 23%（中国学位与研究生教育发展年度报告课题组，2017）。某高校数据分析显示，博士生在国家科学技术奖励中也做出了重要贡献，该校国家科学技术奖励中超过 2/3 的奖项含有博士生署名；一半的奖项中博士生的贡献率超过 1/3（秦安安、刘铁钢、王悦、赵世奎，2020）。博士生阶段的科研工作不仅为他们带来即时性的成果收获，更帮助他们成长为独立的研究者，奠定了未来持续产出的基础。瑞典皇家科学院的一项研究发现，当年轻科学家们刚刚开始学术职业生涯时，其科研生产力并非立刻受到供职的学术机构的环境影响，而是受博士生时期的影响更深（Aksnes，2012）。博士生时期的研究其实是高校新知识生产的重要来源，也是未来希望从事科研的学生们建立合作网络的关键阶段。不少研究发现，预测科研工作者科研生产力的最重要的变量是其博士学位论文是否出版，以及其博士生时期成果的发表情况（Green et al.，1992）。而且，学术成果发表也是博士生社会化的重要标志。博士生既是学习者，也是生产者，博士生学习过程不仅要求博士生获取新的知识和技能，还期待他们能够对本学科的知识创新做出贡献（赵世奎、沈文钦、张帅，2012）。在这个过程中，通过发表论文来得到学术共同体的认可，与学术共同体成员进行交流，无疑也是博士生社会化的重要内容。博士生在攻读学位期间发表论文，不仅可以获得研究经验，增强对研究如何进行的自信和理解，更是为未来全职教师的工作打基础，这将有助于其未来获得终身职位（Crompton，2005），并在学术职业生涯中取得成功。

1.1.3 对于博士生科研生产力的认识有限

然而事实上，博士生在校期间，关于成果出版的指导尚未成为博士生培养的固有环节（Kamler，2008），学界围绕博士生科研生产力的研究也还不多见。尽管 20 世纪 70 年代以来，国外学者对高校、院系以及教师科研生产力的研究取得了不少成果，近 20 年，随着重点大学建设工作的深入展开，我国围绕大学组织与教师科研生产力的研究也逐渐兴起，但无论是国外还是国内，对博士生科研生产力的研究数量还非常有限。究竟何谓科研生产力？科研生产力是否完全等同于科研成果产出？尤其是从博士生主体认知角度出发，探索其科研生产力发展路径的研究更是微乎其微。事实上，博士生主体认知与心理因素是驱动其科研投入与持续深耕的关键，对博士生主体认知的了解缺失、碎片化、片面化，将很容易造成学校、院系、导师、博士生个人与社会等多元主体之间的认知偏差和供需错配。因此，有必要厘清科研生产力概念的内涵与外延，从博士生主体的角度出发，采集和分析博士生对从事科研活动的相关认知感受，在此基础上探讨影响博士生科研生产力发展的具体路径，分析博士生的科研生产力如何能够有效提升，这也是决定博士生应该如何培养的关键问题和基础前提。

为此，本书在社会认知理论的基础上，通过引入班杜拉的自我效能这一心理学概念，尝试建立博士生科研生产力与科研训练环境、科研自我效能之间的联系，构建博士生科研生产力发展模型，探究科研训练环境与科研自我效能对博士生科研生产力发展的影响路径和影响效应。在明确博士生科研生产力发展路径的基础上，进一步完善博士生教育管理机制，促进博士生自我发展的机制举措。在理论层面上，构建博士生科研活动认知发展的理论框架，丰富博士生科研生产力研究的理论支撑，为博士生教育相关研究提供新的视角，这将有助于揭示博士生人才成长规律，丰富中国特色的博士生教育体系。在实践层面上，不仅为教育部门的博士生教育相关政策提供依据，还为培养单位更好地发挥科教融合、科研育人机制的作用、改善博士生培养环境、提升博士生科研生产力提供思路和建议，更帮助博士生个体树立信心、更好地自我规划和投身科研活动，实现自我诊断和成长发展。

1.2　研究问题与目的

本书写作的核心目的是从博士生主体认知的视角切入，探索并阐释博士生科研生产力的发展路径，重点分析科研训练环境与科研自我效能对博士生科研生产力发展的影响路径和影响效应，并提出有效提升博士生科研生产力的策略建议。因此，本书关注的核心问题可聚焦为两点。

第一，从主体认知的视角出发，博士生的科研生产力发展路径是怎样的？

第二，根据科研生产力发展路径的分析结果，如何提升博士生的科研生产力？

为回答以上问题，本书从以下三点入手开展研究工作。

第一，博士生科研生产力的现状如何。博士生如何看待自己的科研训练经历。

第二，博士生的科研训练环境和科研自我效能与其科研生产力有怎样的关系，如何解释这种关系。

　　第三，可以采取什么样的策略来提升博士生科研生产力。

1.3　研究思路与架构

　　总体来说，本书试图从学术型博士生主体在科研活动中的认知视角出发，建构博士生在科研活动中的生产力发展模型，探索这些关键因素对博士生科研生产力的影响路径，并结合博士生参与科研活动的实际经验与场景对结果做出解释，从而提出有助于博士生科研生产力提升的相关建议。为此，本书按照以下思路展开研究工作，构成章节架构。

　　第 1 章为绪论。基于博士生教育现实图景提出研究问题，确立研究思路和写作架构。

　　第 2 章为国内外研究状况。通过回顾和梳理文献，界定博士生科研生产力这一核心概念，整理影响个体科研生产力因素的国内外已有研究成果，发现本研究的理论依据和基础，探寻和明确可以进一步深入讨论的问题和空间。

　　第 3 章为理论框架与研究设计。介绍本书使用的理论基础并结合已有研究结果建构理论模型。根据本书第 2 章对博士生科研生产力内涵的界定，采用两种方法对博士生科研生产力进行测量，分别构建两个模型并提出相应研究假设。同时确定研究所需的方法和技术手段。通过文献调研、专家咨询等方法，借鉴参考已有问卷和量表工具，进行调查问卷的设计开发，实施前测并进行问卷修订后，正式发放问卷，收集相关数据，由此构成本书的整体研究设计方案。

　　第 4 章为博士生科研生产力状况与科研活动认知状况。利用描述统计等方法对数据进行分析，描述博士生的科研生产力现状及其对科研活动的认知现状，直观展示博士生的科研生产力与相关因素的基本状况，并分析这些变量是否存在性别、年级、学科类型、学校类型等方面的差异。

第 5 章为博士生科研生产力发展路径分析。利用结构方程模型进行路径分析，利用问卷调查数据对博士生科研生产力发展的两个模型进行假设检验，分析有关因素对博士生科研生产力的具体影响路径，对本研究提出的理论模型进行检验和修正，并结合访谈分析对结果做出解释。另外，本书还进行了基于学科变量和年级变量的多群组结构方程模型路径分析，检验博士生的学科类型、年级高低对模型一和模型二的调节作用，从而分析具有不同学科背景和年级背景的博士生群体在科研生产力影响路径上是否存在差异。

第 6 章为博士生科研生产力的提升策略。根据路径分析结果和访谈结果，提出有助于改善博士生培养环境、提升博士生科研生产力的具体建议和行动策略。

第 7 章为总结与展望。概括本书的整体结论，总结本书内容的创新之处，反思研究中存在的局限并提出未来展望。

第 2 章
国内外研究状况

本章介绍了前期研究中对个体科研生产力的内涵和测量方法的各类观点，在此基础上界定了本书所使用的博士生科研生产力概念。通过多轮检索和分析，本章还梳理了已有文献中围绕个人科研生产力影响因素的研究，分别从高校教师为代表的科研人员群体和博士生群体出发，厘清了环境方面、个人方面的影响因素，逐渐聚焦科研训练环境、科研自我效能与博士生科研生产力的关系研究，最后对已有文献进行总体评论，进一步明确可以继续深入探索的研究空间。

2.1 科研生产力的内涵与测量

在高等教育领域，"科研生产力"一词可针对个人、院系和大学三个不同层次（Dundar and Lewis，1998）。由于本书关注的是博士生的科研生产力问题，因此这一部分主要着眼于个人层面的科研生产力研究，院系、大学层面的科研生产力不在本书讨论范围。虽然国内外关于科研生产力的研究不胜枚举，但不仅中文相关研究文献中多将科研（学术）生产力与科研（学术）产出、科研（学术）成果、科研（学术）绩效等概念混同使用，而且英文相关研究文献中也常常将 research（scholarly）productivity、research（scholarly）outcome、research（academic）performance 等视为具有同样含义概念而混同使用。然而，诚如 Fox 和 Milbourne（2010）所述："出版生产力并不严格等同于科研生产力，前者只是后者的一个指标，但出版（一种科研成果）是科学的一种核心的社会过程，因此它非常值得受到关注。"也就是说，我们常说的科研成果、科研产出可能并不直接等同于科研生产力。那么，究竟什么是科研生产力？如何界定博士生的科研生产力并选择合适的测量方法？这就需要首先厘清"科研生产力"这一概念的内涵。

2.1.1　科研生产力的内涵

虽然学界围绕科研生产力的研究早已有之，但是对于科研生产力概念的讨论还很稀少，进行清晰论述的更是罕见。在以往的研究中，科研生产力通常被笼统地定义为一种"科研活动的产出能力"（袁玉芝，2014）。那么，产出的对象究竟是什么？一种观点认为，科研活动的生产对象是各类出版物、专利、报告等研究成果，科研生产力即是通过国内外期刊、图书、会议、专利注册等发表的研究成果（Zainab，1999）。因此，产出成果的数量和质量可以表征个体的科研生产力（袁玉芝，2014），特别是发表学术论文对科研生产力有很强的代表性（梁文艳、周晔馨，2016）。另一种观点则认为，科研活动的目的是生产新知识，例如认为科研活动是输入包括人力、有形资源（科学仪器设备、材料等）和无形资源（知识积累、社会网络等），输出包括有形的（出版物、专利、会议报告、数据库等）和无形的（隐性知识、咨询活动等）新知识的生产过程（Abramo and Ciriaco，2014）。因此，科研活动的产出对象是新知识，科研生产力即一种知识生产能力。它既包括通过发现、创造而实现创新理论、生产知识与发展科学的能力，又包括通过整合和应用而实现技术创新、知识运用和转化的能力（姚东瑞，2009），但对这种能力进行实证检验时，需要找到可以表征的指标。

在寻找这类指标的过程中，研究者们又持有不同的观点。一类观点认为，应该将出版物作为表征科研生产力的指标，因为出版是研究过程的自然延伸，是传播新知识和开放问题讨论的一种手段。例如有的学者认为科研生产力是指经过理论和应用研究，产生的新思想与新观点

（Yousef and Behravan，2011）。也就是说，研究生产的对象是新的知识，但是，仅存在于科研工作者头脑中的新知识只是其个人知识，而这种新知识一旦经过向世界展示与记录，就具备了科研生产力。期刊文章、图书、文献、专利等是展示和记录新知识的载体，因此，这类载体可以用来作为衡量科研生产力的指标。另一类观点认为，这些载体仅仅是成果性的，而知识生产能力应考虑到成长性的部分。一些新知识，包括无形能力的提升，会成为科研工作者潜在积蓄的力量，为未来生产出更多的新知识奠定基础。因此，个体在科研活动中应用科研知识和能力的程度才更能代表其科研生产力。

综上所述，科研生产力作为一种科研活动中的产出能力，在不同研究中其内涵是分化的。一类研究认为科研生产力是科研活动中的成果产出能力，因此直接将出版物等科研成果视为科研生产力的生产对象，将出版物的数量与质量等作为衡量科研生产力的手段；另一类研究则认为科研活动的生产对象是知识，科研生产力是一种产出知识的能力。对科研生产力进行测量时也有两种态度，其一认为出版物等各类成果是展示和记录新知识的载体，因此可以通过统计出版物的相关指标来衡量这种知识生产能力；其二认为可以通过测量个体在科研活动中发挥科研知识与技能的程度来反映其知识生产能力。由此也产生了两种观点，一是主张利用客观性指标，通过对出版物等实体测量来反映科研生产力；二是主张使用主观性指标，通过科研知识技能的应用发展程度或同行评价来测量。无论是以成果计量等方法直接对个体科研生产力进行定量测量，还是用自我评定、同行评议等定性方法进行测量，在试图测量个体科研生产力时，都需要考虑研究目的和研究样本，从而选择更适合的测量手段（蔺玉，2012）。

2.1.2　科研生产力的测量

（1）通过客观性指标测量个体科研生产力

如果信息不被共享，它的价值就会丧失，因此，出版又被视为是研究的最后一步（Anderson，1994）。20世纪40年代起，有些学者在研究中就已建立起出版物的数量、质量与科研生产力之间的联系。由于这种联系，出版物可以被用作衡量个人科研生产力的一种硬性指标。以出版物的数量来衡量科研绩效是最常见的方法（Folger et al.，1970），专著与期刊文章的出版数量是两个最常被利用的指标（Neumann，1977）。为了排除从事科研年限的影响，早期研究在统计时通常采用"过去三年"（Freedman et al.，1979）、"过去五年"（Centra，1983）等一段时间内的出版物数量作为个人科研生产力指标。也有研究者进一步将会议论文、专利数量、获得基金或资助的情况、报纸等公共媒体发表文章、研究报告等指标纳入体系进行统计（Clement and Steven，1989；Collins，1993；Cañibano et al.，2008；Tien，2000；Tien，2008），科研生产力的测量内容不断丰富。然而，很多研究批判早期单纯以出版物数量作为衡量科研生产力的做法不够准确（Broad，1981），出版数量是一种政治学的"衡量价值的标准"（Smith and Fiedler，1971）。随着科研工作者数量和学术期刊、学术文章数量越来越多甚至出现爆炸式增长，加之以科研产出作为对科研工作者绩效评价的做法越来越流行，很多文章合著作者数量开始增加。此外，还出现有些学者将研究成果拆分成多篇文章发表的现象。因此，更多研究开始探讨以出版质量为中心的测量方法。

有的学者研发相关标准为出版物赋予权重。例如Crane（1965）在生物学、政治学和心理学领域区分了主要出版物和次要出版物，主要出版物包括论文、研究报告、独著或两人合著的学术专著、教科书，次要出版物包括编著、实验手册、译作、三人及以上合著的学术专著等。在计算科研生产力指数时，会依据一定的标准，例如4篇论文等同于1本学术专著等，对不同类型的出版物分配不同的权重，以尽可能准确地反映学者对知识生产的贡献程度。有学者采用对不同期刊进行评分或等级划分，进而对发表在其中的文章进行赋分的方法，例如Nelson等人（1983）将人类学、经济学、地理学、历史学、哲学、政治学和社会学等领域的期刊的名称发送给美国和加拿大大学相关高校的系主任，请他们采用 1~5 分进行数值评分，由此形成一份分学科的期刊质量评分排名。当然这种做法也存在弊端，特别是每种期刊所刊发文章质量差异较大，因此无法准确反映每篇文章的质量；并且每种期刊受篇幅限制，很多优秀的文章可能无法发表在排名靠前的期刊上。

随着文献计量学的发展，以力求全面、客观、准确的指标体系和测量科研生产力的手段越来越完善，关于测量指标体系的设计也越来越多。更多评价出版物影响力的指标被开发出来，Cole 等人（1967）提出的衡量标准是某人的成果在一定年限内被引用的次数，被引频次这一重要指标开始产生重要影响。此后，如期刊影响因子、期刊被收录情况等也都成为评估科研人员论文产出影响力的重要指标（Smith and Fiedler，1971；Garfield，1979）。科学信息研究所（Institute for Scientific Information，ISI）创制了新的引文计量方法，在 1961 年和 1973 年分别建立了被称为 SCI 的科学引文索引（Science Citation Index）和被称为 SSCI 的社会科学引文索引（Social Science Citation Index），很快 SCI 和 SSCI 被广泛评估用于科研人员科研产出水平。2005 年，Hirsch（2005）提出了 h 指数，即一定时间内该作者发表的论文中，被引频次不低于 h 次的论文篇数至少有 h 篇，这种高被引频次指标，用来评估科研人员的论文产出能力。这些方法虽然被很多人认为是目前最好的评估科研质量的方法，且被广泛使用，但这些方法都存在缺陷，以引文分析为例，某一领域如果只有少数研究者从事相关研究工作，互引频次会相应增高；新手与知名学者合作发表成果时可能会带来较高的被引频次；文章发表之初，被引频次无法立即反映出文章真正的质量，等等。

（2）通过主观性指标测量个体科研生产力

多年来，众多教育工作者都曾质疑以出版物来衡量学术水平的做法。Blackburn（1974）认为，90%没有出版物的教职人员既不缺乏学术知识，也不缺乏生产力。如果仅将出版物作为衡量学术表现的标准，实际上忽视了其他形式的学术活动。也有学者对客观性指标是否能真正做到完全客观存疑，因为人的能力是内化而难以观测的，作为其外显或物化形态的产物及指标带有滞后性，有时甚至复杂到不可预测（阎光才，2019）。这反映出量化评价的局限性，但批判者并没能给出更佳且具有可操作性的选择。

不过，确有研究从主观性的角度看待和测量科研生产力。例如，2008 年欧洲高等教育区（European Higher Education Area，EHEA）提出的博士学位资格框架中包括了如下标准：① 系统了解某一研究领域并掌握研究方法和技能；② 构思、设计、实施和完善一个完整的学术研究；③ 通过原创性的研究推动前沿知识发展；④ 批判性地分析、评价与整合新的复杂思想；⑤ 能够与同行、学术共同体和社会大众就专业问题进行交流；⑥ 利用学术专业背景促进技术、社会或文化进步。Braxton 和 Toombs（1982）认为，教师在其攻读博士学位期间通过研究训练而获得的知识和技能可以多种方式应用，这些应用可以在更广泛的行为范围内进行测量，而不仅仅是出版物。他们认为学术工作是由各种各样的专业活动组成的，是一种通过博士研究训练获得认证的知识和技能的应用。因此，评估学术工作质量的一个重要手段，是在某一特定任务的执行中发挥其博士研究训练的知识与技能的程度。他们归纳了这些研究能力：① 识别、分析和提炼学科问题的能力；② 分析、综合、联系事实和概括的能力；③ 阅读、理解学科文献的能力；④ 阅读、整理、评论学术文献的能力；⑤ 研究的抽象化和设计能力；⑥ 评价研究工作及其成果的能力；⑦ 运用研究结果和学科方法的能力；⑧ 参与学科同事之间的非正式交流网络的能力；⑨ 参与专业学会活动的能力。Marsh 和 Overall（1979）在教师自我评价的研究中，采用的方法是要求教师对自身科研生产力在该学科领域的水平进行 1～5 级的分级评定。Lambie 等人（2014）在以博士生为对象的研究中也认为，过去的研究几乎都采用出版物的数量与质量来衡量博士生的科研生产力，却忽视了博士生的科研知识水平。因此，他们研制了有 50 个题项的科研知识评估量表（Research Knowledge Assessment，RKA），测量博士生执行各种科研任务时对个体能力的认知。被试者需要在 0～50 分的范围内为自己打分。RKA 量表包括文献综述、研究伦理、研究设计、抽样、数据收集方法、数据分析程序、数据报告、学术写作八个方面。

在一些领域，还会采用同行评议法给评价对象进行主观打分。Blume 和 Sinclair（1973）在对化学家的科研质量进行测量时，就曾采用了同行评议的方法。评议人被询问"在您的研究领域中，哪些研究人员对知识体系做出了最有价值的贡献"，每个领域可以提名 3 人。在分别得到本国（英国）范围和世界范围内的名单后，研究者根据提名票数来计算化学家科研质量的分数。但正如 Lokman 和 Diane（2010）指出的，同行评议的方法过分依赖评价者的主观性，会受到评价者自身水平和偏见的影响。也有人认为在一些场景中，评价者不太可能来自和被评价者同一领域，因此其评估的能力会被大大削弱（Braxton and Bayer，1986）。

2.1.3　对博士生科研生产力的界定

可以看出，到目前为止，已有研究不仅对科研生产力内涵尚未形成权威性的定义，而且也没有给出一种完美的用于测量和评估个人科研生产力的方法，学者们仍在不断探索更为科学有效的测量方法。

对博士生科研生产力的理解虽然与一般科研人员有共通之处，但也有其特性。博士生既是学习者，也是刚刚启航的研究者。博士生科研训练的过程既是获取科研知识和技能的过程，也是产出新知识的过程。一方面，与其他科研人员一样，博士生在科研活动中产生的新发现也会通过各类出版物、专利、会议报告等载体进行传播和分享，而且博士生在读期间的高产出可以预测其毕业后科研生产力的高水平（Sinclair et al.，2014）。另一方面，尽管这种成果测量有其合法性和积极作用，但是量化审计对学术研究的侵害也是非常明显的（沈文钦、毛丹、蔺亚琼，2018），这从近年来的科研评价"破五唯"行动即可见一斑。而且，与成熟的科研人员不同，博士生从事科研的年限较短，累积优势不明显，且很多论文是与导师等他人合著形式出版，以被引频次、h 指数等影响力指标进行测量可能无法真实反映博士生的科研生产力。所以，博士生科研生产力的"成果产出说"虽然具有一定的合理性与较强的可操作性，但是其弊端也是显而易见的。

那么，有更好地反映博士生科研生产力的办法吗？主张"能力说"的相关研究认为，博士生还处于科研生涯的起步阶段，学习和发展科研知识技能才是更为关键的任务。对博士生科研生产力的考量需要尤其关注其在培养期间知识与技能的成长度，这种成长度在很大程度上代表了博士生产出知识的能力水平，会为博士生打下坚实的基础，从而成长为专业而高产的研究人员。Christina（1997）认为在博士生培养项目中发展研究技能至关重要："一般来说，好的博士生培养项目侧重于培养学生做高质量的研究。博士生的工作就是学习分析和研究导向的技能，这将使他们成为优秀的学者。"Platow（2012）的研究表明，博士生通过学习使研究技能水平得到提高，这有助于他们毕业后拥有更高的科研生产力。也就是说，如果博士生学习先进的研究方法技能，将其内化并应用到所从事的研究活动当中，再尽可能将研究结果发表在期刊上，那么他们将在毕业后拥有更高的科研生产力而使他们在未来的学术研究中取得成功。由此，从博士生个体视角出发，以自我报告的科研知识技能的应用或增长程度进行测量的研究相继涌现（Szymanski et al.，2007；李永刚、王海英，2019）。这反映了过程性、增值性评价理念，具有先进之处，但也存在过分依赖评价者主观性的弊端。

近年来，不少实证研究也尝试融合以上两种观点，希望达成客观性指标和主观性指标的优势互补。如 Akerlind（2005）将发文数量、同行认可、作品质量、个人知识与技能、对专业的理解、学科或社会贡献六个方面作为衡量学术成长发展的指标。赵磊磊等人（2020）认为博士生的学术表现包括科研能力进步、学术成果发表。包志梅（2020）的研究同样将博士生学术表现分为科研能力进步和学术成果发表两部分。可以看出，从能力提升、科研成果等多方面入手，设计综合性测量指标已成为一种新的研究趋势。

综上所述，本书尝试界定博士生的科研生产力概念，即博士生在科研活动中的知识生产能力，既包括发现和创造知识的能力，也包括应用和转化知识的能力（见图 2-1）。它本质上是博士生一系列知识生产的综合组织能力，但这种综合组织能力比较抽象，在实证研究中需要探索可操作的测量方法。在对前期文献进行阅读梳理后笔者发现，对博士生进行科研生产力测量主要有两大思路：一是利用博士生对自身掌握的科研知识水平进行主观评分，例如前文中提到的 Lambie 等人（2014）采用 RKA 量表测量博士生执行各种科研任务时对自身能力的认知；二是通过博士生自我报告的参与学术活动情况和出版情况来测量，例如 Szymanski 等人（2007）利用学术活动量表（Scholarly Activity Scale，SAS）对心理学博士生的学术生产力进行测量，该量表主要询问博士生参与学术活动的表现，如"您在期刊上发表过或与他人合作发表过多少篇论文""您在当地、区域或国家级会议上做过几次学术报告""您目前是否参与了数据收集活动"等。借鉴上述思路，本书采用两种方法对博士生科研生产力进行测量：第一，利用博士生在读期间的科研知识与技能发展程度来衡量其科研生产力。参考前人研究成果，列举从事科研活动所需的各项知识和技能，通过博士生自我评估的方法来对其自身的科研知识应用程度进行评价。第二，统计博士生在读期间生产新知识的载体，也就是各类出版物的情况来衡量其科研生产力。参考 Szymanski 等人（2007）的研究，以博士生自我报告的方式统计其期刊论文、著作、会议论文和学术会议报告等科研产出的数量，通过一定方法计算出科研产出得分而作为科研生产力的表征。

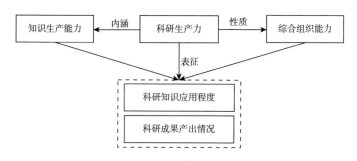

图 2-1　博士生科研生产力概念图解

2.2 个体科研生产力影响因素研究

2.2.1 影响高校教师科研生产力的因素

鉴于现有的研究鲜少对科研生产力概念有清晰的界定，所以这里对个体科研生产力影响因素进行文献综述时，并不严格区分科研成果、科研产出、科研绩效、科研能力等相近概念，而是暂且将其统称为科研生产力。20 世纪 70 年代开始，高等教育领域的生产力研究逐渐兴盛，大量研究开始探究影响高校教师科研生产力的因素。这些研究也将为本书设计探索博士生科研生产力问题提供思路，因此同样值得关注。总体来看，影响高校教师科研生产力的因素有如下几个方面。

（1）环境方面的因素

一些研究强调了机构声誉和可获得的资源对教师科研生产力的影响作用。正如 Creswell（1985）所说："资源有助于成就一个高产的科研生涯。高质量的机构通常有资金、时间来支持教师的研究，配备有能力的助理，集合了能够激励这个教师的同事，以及更容易获得的信息。"Blackburn 等人（1978）的研究也支持了这一观点，他们从全国 6 万多份样本中，在人文科学、自然科学和社会科学领域随机选取了 7484 名全职教师作为研究对象，发现在排名靠前的研究型大学工作的教师往往有着更高的科研成果产出。但也有不少研究表达了对于机构的声誉或排名与教师产出的因果关系的担忧（Wanner et al., 1981）。因此，Creswell（1985）建议研究者最好将机构的声誉或排名作为一个控制变量或调节变量。

机构的文化氛围也被认为是影响教师科研生产力的关键要素。Allison 和 Long（1990）认为，院系等机构会通过提供研究机会和正向激励来影响教师的科研生产力。例如，院系管理者可以为教师提供与其他杰出学者交流的机会，会嘉奖那些取得突出成绩的教师以激励他们持续研究，等等。Bowen（1985）将来自机构的激励总结为不同的形式：有形的和无形的、直接的和间接的。例如，绩效工资、津贴、技术支持等是直接的、有形的激励；环境设施、图书馆、设备仪器、教师俱乐部等资源是间接的、有形的激励；终身职位、晋升、休假等属于直接的、无形的激励；教师论坛和客座教授等属于间接的、无形的激励。

很多研究表明，不同学科之间的学术活动差别很大。库恩（1980）区分了学科的不同范式，比彻和特罗勒尔（2008）以学术部落和领地来描述学科文化。研究过程和产出被证实与学科的结构有关，科研生产力与学科特质密切相关。Biglan（1973）发现，硬科学领域（如化学专业）的教师往往发表更多的期刊文章，软科学领域（如会计学专业）的教师则出版更多的专著。Fox（1983）在一项以出版物数量评估学者科研生产力的研究中发现，人文社会科学学者的科研生产力远低于自然、物理和生物科学学者，但同时她也指出，科学生产力的变化和决定因素被认为是科学社会学中最令人困惑的问题之一。心理学特征、工作习惯、人口统计学特征、环境因素和社交因素的影响作用都得到了充分研究，但是对于那些高产出的科学家，似乎还是没有一个可识别的模式。

（2）个人方面的因素

早期研究较多地探讨了人口学变量的影响效应，如年龄、性别、种族等，关注高校教师科研生产力性别差异问题研究数量尤其多。Cole 与 Zuckerman（1984）在《生产力之谜：不同性别科学家出版行为的现有模式及演变》一书中提到，20 世纪 80 年代中期，就已经有 50 多项研究表明女性学者的论文发表数量低于男性学者，但研究者进一步发现，虽然在数量上处于劣势，但在合著与引用次数方面，女性学者并没有显著低于男性学者。通常，性别差异的"生产力之谜"会被与女性的育儿责任联系起来，然而，Stack（2004）针对美国 1 万余名博士学位获得者的数据分析表明，在控制了子女、结构性因素和博士的个人特征后，女性学者发表的论文仍然明显少于男性学者。梁文艳和周晔馨（2016）通过对中国"211 工程"大学的教师数据进行分析发现，性别差异的"生产力之谜"同样也存在于中国学术界，作者从社会资本的角度对此做出了解释，认为女性学者"拥有的"与"动用的"社会资本显著低于男性学者。

一些研究探讨了工作时间与科研生产力的关系。Allison 和 Stewart（1974）发现教师花在科研上的时间是预测科研成果数量的重要变量。时间约束（Time Constrains），也就是分配给教师用于研究、教学和其他任务的工作时间比例，也经常被与科研生产力联系起来，且被作为一个重要的预测变量。有研究发现，过重的教学负担，包括过多的课程教学和事务性工作，占用了教师的科研有效时间，是导致教师的出版成果数量偏低的关键原因（Center and Obringer，1984）。在特殊教育、护理、临床医学领域，存在教师用于指导的时间比例越高，科研产出数量越少的现象（Nieswiadomy，1984；Ostmoe，1986）。

很多研究者围绕交流合作与科研生产力的关系展开探讨。Zuckerman（1967）对41位诺贝尔奖得主的研究表明，合作与科研生产力之间存在很强的联系。与匹配样本科学家相比，诺贝尔奖得主发表的论文更多且更倾向于合作。Finkelstein（1982）在美国一所私立大学和两所文理学院检验了教师与院系同事的互动、与跨院系的校内同事的互动、与校外本学科人员的互动和教师科研生产力的关系，发现高产的教师通常与校外本学科人员、院系同事有强互动，与跨院系的校内同事互动则非常弱。还有研究者探索了科研生产力与交流行为的关系，他们将交流行为定义为一种"人际互动"，包括收到对方的预印本、电话交谈、通信等；另一种"非个人联系"，包括阅读期刊、与主要研究机构保持联系、在会议上宣读论文等。研究者发现"人际互动"比"非个人联系"更能够预测科研人员的科研生产力（Parker et al.，1992）。Lee 和 Bozeman（2005）在对科研合作与科研生产力的关系进行研究后发现，合作者的数量是最能够预测科学家科研生产力的因素。李文聪等人（2018）在考察了生命科学领域的情况后发现，国际合作对科研人员的论文质量有着显著的正向影响，但影响效应并没有比国内合作和单位内合作更强。

还有研究考察了科研生产力与心理认知因素的关系。很多研究者都认同兴趣与科研人员生产力的联系。Behymer（1974）发现，发表论文最多的教师在其职业生涯早期对研究有着浓厚的兴趣。Blackburn 等人（1978）的研究表明，在控制了机构学科排名之后，对研究的热爱是预测期刊文章生产力的最强因素。受到内在动机驱动的、对研究怀有真诚的兴趣的教师发表文章的数量是最多的，与中度水平发表数量和低度水平发表数量的教师相比，高度水平发表数量的教师终其一生都在持续地发表，并且其研究兴趣也会持续整个研究生涯。动机方面的因素较少被用于量化研究之中，因为对动机的测量通常是不准确的，动机很可能会持续发生变化，且很难将个人动机的影响从环境影响中分离出来（Gaston，1970）。通常，研究者们会认为内生动机比外部动机更能驱动科研生产力的发展，但 Deci 和 Ryan（2004）认为内生动机是复杂的，很难将其与外部动机严格区分。他们认为内在动机是基于自决（self-determined）和对竞争的先天有机需要，包含遵循兴趣、追求挑战和做出选择。因此，"自决"这一心理特征能很好地解释有关动机和兴趣等问题。

另外，如教师海外学习或访问的经历、是否有指导研究生的资格，以及主持科研项目情况和研究团队情况等（李锋亮等，2016），也均被证明与教师的科研生产力有显著相关关系。

除了探讨上述因素的研究以外，也有一些研究比较系统地梳理和检验了影响个体科研生产力的因素。例如 Creswell（1985）在研究教师科研绩效时，从四个方面解释了为什么一部分教师能够更加广泛、频繁地发表论文。第一种解释是心理与个体特征，拥有高论文产出的研究人员会具有某些心理和个体特征，这些特征可能是与生俱来的，也可能是后来获得的。第二种解释将高产出归因于累积优势，当教师的学术成就达到或超过机构的标准时，他就获得了累积的优势，从而获得不断扩大的机会来推进他的工作，以及随之而来的更多回报。第三种解释是强化效应，教师从出版的成果中得到的反馈、被引用的成果，以及来自同事的正式和非正式的表扬等，都会进一步促进教师的产出。第四种解释是学科标准规范和学科环境对教师科研绩效产生了影响。Bland 等人（2005）总结了影响研究型大学中教师的科研生产力的若干因素。他们发现教师的科研生产力受到个人因素、机构特征和领导力特质三方面的共同影响。其中，个人因素与机构特征的动态相互作用起到了决定性的作用。Albert 等人（2016）从六个维度分析了高校科研工作人员的科研生产力要素，即个人与家庭特征、学术背景、学术生涯、工作特征、博士阶段的机构特征和个人研究动机。西班牙科技人力资源调查数据显示，性别、年龄、获得博士学位所用时间、国际合作、当下工作与博士在读期间的研究的关联强度、学科因素等对高校科研工作人员的科研生产力有着显著影响。特别是随着年龄的增长，科研从业者发表成果效率会下降，而在年轻群体和非终身研究员职位中，发表论文的效率则会更高。这表明激励机制和晋升体系对科研人员的科研生产力有很大影响。

2.2.2 影响博士生科研生产力的因素

通过文献检索发现，有关博士生科研生产力的研究数量还非常有限，尤其缺少比较系统化的研究成果。研究者们通过实证检验不同变量对博士生科研生产力的影响，从中筛选出一些重要影响因素。

（1）环境方面的因素

美国马里兰大学 Gelso 教授及其团队提出了"科研训练环境"的概念，并在咨询心理学领域展开了数十年的研究。他们将科研训练环境定义为"培养项目（或院系、高校）中所有科研态度的反映因素集合"（Gelso，2006），意在反映从博士生成长为学者的过程中可能受到的一切与研究相关的态度与价值的影响。环境中的所有组成部分，包括教师、辅助人员、学生等，都对科研训练环境的创建有所贡献。尤其是在培养项目中拥有较大权力的教师，在科研训练环境中也会承担最重的责任。为了具体描述和测量研究生的科研训练环境，Gelso 等人（1996）编制了科研训练环境量表，指出一个好的科研训练环境应该包括以下要素：① 教师科研行为的良好示范；② 积极鼓励支持博士生参与学术活动；③ 排除干扰使博士生尽早参与研究；④ 教授统计知识和研究设计；⑤ 鼓励学生向内探寻研究灵感；⑥ 展示出科研的社会人际互动属性；⑦ 强调所有研究都是有瑕疵的；⑧ 时刻关注不断变化更新的调查范式；⑨ 紧密联系科研与实践。后来，很多实证研究都得出科研训练环境是影响博士生或研究生科研生产力的重要因素的结论。

我国学界鲜少使用"科研训练环境"这种说法，通常使用的是与之相近的"培养环境（条件）"等表述。如王小丽等人（2013）认为在博士生培养单位内部环境中，影响博士生教育质量的主要环境因素包括学科环境、导师素质、培养模式、资助体系、管理体制和经费投入，其中培养模式包括学位类型、招生机制、课程教学、学位论文、指导方式、质量保障机制和国际化教育。王楠楠、李天鹰（2016）认为培养环境既包括硬件环境，也包括培养模式和观念等软件环境。他们利用调查问卷和回归分析，分析检验博士生的研究机会（学术指导机会、课题研究机会、申请课题机会和社会实践机会）是否在培养条件（学术环境、师资条件、科研条件、物质条件和教学条件）、培养制度（导师招生人数、招生方式、影响录取的因素、课程设置、指导方式、学习年限和博士培养环节的执行）与博士生培养质量（博士期间发表的论文数量和专利数量之和）中间起到了中介作用。

近年来，随着博士生教育体制不断完善，学界对博士生科研创新能力的关注度越来越高，一些研究实证分析了课程学习与科研训练关系密切度、科研项目参与等培养环境因素对博士生科研能力以及创新能力有显著预测作用（包志梅，2020、2021；郝彤亮等，2020；李澄锋等，2019）。有的研究分析了联合指导、中外联合培养、校企联合培养等培养方式对博士生论文发表、创新研究的影响作用（沈文钦、金帷，2020；李澄锋等，2020；刘贤伟等，2021）。有的实证研究发现跨学科学生的论文更容易被高影响力期刊接受，被引用频率也更高（Keck et al.，2017），但也有研究发现跨学科与非跨学科博士生之间的学术产出差异并不显著，可是前者的创新思维、前沿知识、跨学科知识、独立研究能力提升均显著高于后者（包志梅，2020）。

教师所在机构的学术地位与其科研生产力的相关性在很多实证研究中得到了检验，类似地，也有研究试图探讨在博士生群体中，二者是否同样有所联系。一些研究表明，在会计学、生物学、政治学、心理学等学科，博士生就读机构的学术地位越高，博士生的科研生产力越高（Jacobs et al.，1986；Hagstrom，1971；Siegfried，1972）。例如，耶鲁大学的 Crane 教授（1965）认为，最好的研究机构选择最好的学生、最好的学生接受最顶尖科学家的培养，因此博士生就读的学术机构声望越高，学生的科研生产力越高。她对 150 位博士毕业生的调查研究证实了这一观点。但也有研究得出相反的结论，Long 等人（1998）通过对美国 21 个管理学培养项目的 270 名博士毕业生的样本进行分析后发现，其就读的培养项目的学术地位与博士生的科研生产力没有明显的联系。但包括该研究在内的多数研究都承认，与不同机构的学术联合（academic affiliation）对博士生的科研生产力有显著影响，与高水平学术机构合作的博士生的科研生产力明显高于与普通学术机构合作的博士生。马永红等人（2020）也研究发现，高端平台提供的社会资本对于博士生创新能力有显著的促进作用，尤其在知识共享的深度和广度的中介作用下效果更强。

博士生所处的文化环境也是研究者们关注的因素。学术创业和创业文化被认为不仅有利于工科博士生科研能力提升和学术观、多元职业观拓阔（张振林、任令涛，2021），而且与博士生的学术活动和学术产出有密切关系。康奈尔大学 Roach 教授（2017）对 39 所研究型大学的6840 名理工类博士生的调查显示，鼓励创业文化的实验室的发明成果明显更多，并且在工程领域尤其突出。

另外，国外多数研究发现获得更多资金支持可以减轻博士生的经济负担，使他们更好地集中精力继续学业（Gururaj et al.，2010；Leijen et al.，2015）。一项以加拿大魁北克大学 2000~2007 年全体博士生为样本的研究结果显示，受到联邦委员会优秀奖学金奖励的博士生总体比未受过该奖学金奖励的博士生的发表文章数量多一倍以上，而受到联邦奖学金奖励的博士生发表文章的数量并不比受到省奖学金奖励的博士生发表文章数量更多。该研究认为，获得资金有利于博士生安心从事研究，但并不代表奖学金的数额越高越好（Vincent，2013）。王传毅等人（2020）基于《自然》（*Nature*）2019 年全球博士生调查数据分析发现，科研基金、合作机会、社交环境和保健福利、职业生涯指导与建议等因素与博士生自我报告的能力提升显著正相关。国内一些研究结果也表明经济资助与博士生学术产出以及培养质量呈正相关关系（彭安臣、沈红，2012；李艳丽等，2014）。

（2）导学关系与学术网络

导学关系通常被认为是科研训练环境中最有效的因素（Hollingsworth and Fassinger，2002）。导师是博士生学术旅程中的"重要他人"（Significant Other）[①]，对博士生在学期间的学术指导和未来的学术生涯发展有着全方位的影响。1995 年，普渡大学克兰内特管理研究生院的一项针对 357 名博士生的调查研究发现，在控制了博士生的自身能力变量（入学时的 GRE 分数和入学一年后的成绩）的基础上，导师的指导对博士生的成果产出和对从事科研的承诺并没有显著影响（Green and Bauer，1995）。为了回应这一结果，该研究的第一作者 Green 教授与 Paglis 发表了一项历时五年半的追踪研究报告，该报告指出，在控制了博士生入学时的能力与态度变量后，虽然导师指导对博士生科研承诺仍没有显著影响，但导师指导对博士生的科研产出和自我效能均有积极影响（Paglis et al.，2006）。Kim 和 Karau（2009）对管理领域 200 位博士生的科研生产力的研究发现，在考察了创造性人格、教师支持、家庭支持、同辈支持、研究资源和工作压力六个维度的因素对科

---

① 指个体在社会化过程以及心理人格形成时期对其产生重要影响的人物（Sullivan，1953）。

研生产力的影响后，教师指导对博士生的科研生产力的影响最为重要。李艳和马陆亭（2015）以国内某"985 工程"高校的 1355 名博士生为研究对象，进行了博士生培养质量与导师相关性的实证研究。结果显示，导师的学术水平、导师指导博士生数量、导师的最高学位、导师指导经验、导师年龄、导师性别等都对博士生的学术产出有显著影响，尤其是导师的学术水平（导师在过去 5 年发表的高水平论文数量）对博士生科研产出的影响最为明显。但也有研究发现，指导频率与博士生的学术成就关系不大（王娟，2015），甚至过高频率的干预性指导还会造成博士生难以成长为独立的研究者（Gardner，2008）。袁康等人（2016）从与导师合著的视角出发，利用对中国科学院大学 139 名理科博士生与其导师在合著中的位置进行检验发现，博士生在与导师合著中的中心性程度对博士生的科研产出有着正向影响。一些研究指出博士生学术合作可以带来更优的自我调节、更积极的情绪与动机，有利于博士生融入学术领域（Florence et al.，2004；Ferguson，2009）。但有关博士生跨国学术合作的研究表明，这也可能引发署名问题等知识产权纠纷（Shen，2018）。另外，如导师的科研指导、师生关系、导师的科研活跃度与学术地位、导师的自主性支持等也被检验对博士生的学术产出和创新能力有显著的正向影响（罗英姿等，2018；蔺玉，2012；张存群、马莉萍，2013；李艳、马陆亭，2015；王雅静等，2015；马永红等，2019）。

（3）个人方面的因素

首先，博士生的年级可能是一个重要的预测变量。通常的假设是博士生就读年限越长，从事研究的机会就越多，科研生产力应该也会越高。Phillips 等人（1994）研究发现，高年级（第四年及以上）博士生自我报告的科研生产力水平要显著高于第一年或第二年的博士生。Kahn 等人（1997）的实证分析结果也支持了这一假设，博士生所在年级与其科研生产力显著相关。但也有研究结果显示年级并不能预测博士生的科研生产力（Faghihi et al.，1999），或者两者呈负相关关系

（Szymanski et al.，2007）。与影响教师科研生产力的性别因素类似，李澄锋和陈洪捷（2021）的研究也指出女性博士生的学术产出显著低于男性博士生，且延期毕业概率高于男性博士生，研究者认为原因之一在于女性博士生学术动力不足，由此该研究进一步对性别社会化和学术父权制这一本质原因带来的女性博士生弱势学术地位进行了讨论。还有研究发现已婚或育有子女的博士生可能持有较低的学术动机、面临更大的角色冲突和压力，进而影响他们的学术表现（Gardner，2008；Dabney and Tai，2013）。

心理认知方面的因素是很多研究关注的重点。首先，自我效能感被认为是影响博士生科研生产力的重要变量。Gelso 等人（1988）认为，提高学生科研生产力的途径之一便是促进其作为科研工作者的自我效能信念。自从班杜拉提出自我效能概念并逐步形成自我效能理论框架以来，已有大量研究讨论并实证检验了自我效能对学业表现的影响。通过对 38 篇研究学业表现、自我效能感的关系的文章为样本进行的元分析表明，自我效能感与学业表现之间具有统计意义上的显著正相关关系，自我效能对学生学业表现的影响系数为 0.38，能够解释大约 14%的学业表现差异（Multon et al.，1991）。而科研自我效能（research self-efficacy）是将班杜拉的自我效能（self-efficacy）概念引入科学研究场域中形成的、反映科研工作者对完成科研活动任务的信心的概念，用以描述"个人对完成各项研究任务的能力信念"（Bieschke et al.，1996）。科研自我效能在大量研究中被验证与博士生的论文写作、学术职业发展、科研兴趣、科研能力发展、科研产出等有着显著相关关系。

对博士生科研自我效能的关注其实与美国博士生教育中一个重要现实问题相关，那就是博士生的高流失率现象。有研究发现，许多博士生在开启学位论文写作这一环节后，会感到他们的训练是不充分、不适当的，以至于认为自己没有足够的技能来完成学位论文写作这一任务。这使博士生们产生了沮丧、孤独、自我怀疑、焦虑等诸多不确定的负面情绪，最终导致博士生放弃论文写作和博士学位（Sternberg，2014）。
Faghihi 等人（1999）专门研究了博士生的科研自我效能和科研经历体
验对其博士论文写作的影响，研究结果表明，博士生的科研自我效能和
导学关系（包括与导师和学位论文指导委员会成员的关系）对博士生
的学位论文写作有着显著的正向影响，博士生的个人特征如性别、年龄
和经济支持等对其论文写作没有显著影响。而且，博士生对科研训练过
程满意度的高低也会显著影响其论文写作过程。这一研究表明科研自我
效能是博士生获取学位过程中最重要的影响因素之一，这为导师和培养
单位的博士生指导与管理提供了很好的思路。

另外，科研兴趣也是常用来预测博士生科研生产力的变量。不少实
证分析结果检验了科研兴趣与科研生产力之间具有相关关系，科研兴趣
越高的博士生往往拥有更高的科研产出。Holland（1995）认为个人在
职业选择时是基于其人格特质和兴趣做出决定的，并由此提出了人格类
型理论。Kahn 和 Scott（1997）在结构方程模型分析中加入了这种人格
类型变量，发现人格类型会通过研究兴趣和职业目标间接地影响博士生
的科研生产力。学术职业选择也在其研究中被检验出对科研生产力有着
显著的正向影响，这意味着对科研学术事业的追求会促使博士生提升他
们的科研生产力。还有研究证实学术动机期望是博士生学术成果和学术
坚持的显著预测因素（Ivankova and Stick，2007；Hegarty，2011；
O'Meara et al.，2013；王海迪，2018；白华、黄海刚，2019），尤其是自
我激励、内部自我驱动等因素通常可以使博士生学术成就更高（Stubb
et al.，2012；徐贞，2018）。

（4）科研训练环境、科研自我效能与博士生科研生产力的关系
研究

有一些研究系统分析了科研训练环境、科研自我效能和博士生科研
生产力三者之间的关系。Phillips 和 Russel（1994）通过对 219 名咨询
心理学博士生的调查，发现科研自我效能与科研训练环境、科研生产力
之间的显著相关性，但科研训练环境与博士生科研生产力之间的显著正

相关性只存在高年级博士生样本中，低年级博士生的这一假设则未能通过检验。这项研究的一大贡献是实证检验了科研自我效能与科研生产力之间的确存在显著的正相关关系，从而有力支持了班杜拉的社会认知理论和自我效能理论。Brown 等人（1996）在 Phillips 和 Russel 的研究基础上，试图验证自我效能在学生的科研训练环境与其产出之间起中介作用的假说。他们对 69 位四年级博士生的科研自我效能、科研生产力和科研训练环境进行了调查和多元回归分析，研究结果表明，科研训练环境（0.29）和科研自我效能（0.50）均与科研生产力显著相关，在控制了科研自我效能变量后，科研训练环境与科研生产力的相关系数下降到 0.05。该实证研究同样验证了班杜拉的自我效能理论，但受样本量的局限，其结果可能缺乏足够的代表性。Bieschke 等人（1996）对 177 名来自不同学科的博士生进行了调查，在对量表提出相应修订建议后，得出博士生在读时间和科研活动参与能够显著预测其科研自我效能。该研究一方面完善了科研自我效能的测量工具，另一方面将调查对象扩展到心理学专业以外的不同学科专业的博士生，检验了 RSES 量表在更广范围的样本群中的有效度。

Lambie 等人的研究同样相当经典。他们第一次完整探讨了科研自我效能、科研训练环境、研究兴趣、科研知识能力发展、科研成果发表之间的关系。首先，Lambie 和 Vaccaro（2011）发表的研究结果表明，具有较高科研自我效能感的博士生通常有更多的学术成果被发表。此后，他们又检验了科研自我效能与科研知识能力发展之间具有显著的相关性。他们用科研知识能力发展代替了科研成果发表作为科研生产力的变量，这一做法也为该研究探讨何为博士生的科研生产力提供了新的思路。

另外，如 Hollingsworth 和 Fassinger（2002）对 194 名咨询心理学博士生进行的调查，证明了博士生对科研训练环境的认知与对导师科研指导的认知、科研自我效能呈正相关关系，且科研训练环境对博士生的科研产出有着显著的积极影响。Lambie 的学生 Vaccaro（2009）的博士学位论文同样验证了博士生的科研训练环境对科研自我效能有着显著的正向影响。

　　最近几年，我国以博士生培养为主题的研究日益增长。王雅静等人（2015）基于前人的研究，综合班杜拉的社会认知理论、Gelso 的科研训练环境和 Phillips 等人的科研自我效能概念，提出了博士生科研活动的社会认知模型，分析了科研训练环境与导师支持对博士生科研产出的影响机制，认为博士生所在的学习环境和自身人格特征，会通过自我效能感这一中介变量影响其科研产出。该研究首次提出了博士生科研活动的社会认知模型（见图 2-2），但还缺少实证研究的支持。

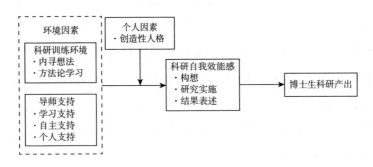

图 2-2　博士生科研活动的社会认知模型

　　另外，杨洋（2017）利用 Gelso 的科研训练环境量表和 Bieschke 等人的 RSES 量表，分析了科研训练环境对博士生科研自我效能的影响，检验了科研训练环境中的导师角色示范、强化科研活动、尽早参与研究、人际互动体验、研究与实践结合等因素对博士生科研自我效能有着显著正相关影响。刘成科和孔燕（2017）也用 RSES 量表测量了某"985 工程"大学的 172 名博士生，发现理工科博士生的科研自我效能显著高于人文学科博士生，博士生的科研经历对其科研自我效能有显著的正向预测作用。这两项实证研究初步检验了博士生科研训练环境感知和科研自我效能的关系。

2.2.3　文献述评

以往的研究成果为本书试图探讨的问题提供了依据，奠定了理论基础，对本书的设计思路和实证分析有诸多可借鉴之处，并提供了许多可以参考的测量工具。在影响博士生科研生产力的因素研究中，以往研究提出了非常广泛的因素，包括就读机构、年级、学科、导师学术身份、导师科研生产力等，尽管从统计结果来看，这些因素可能能够预测博士生的科研生产力，具有一定的解释力，但对于博士生个体如何提升科研生产力的意义较为有限，因为这些因素往往超出博士生个体的决定范畴。本书希望从博士生主体视角出发，探索影响博士生科研生产力的因素，同时了解博士生的科研经历与科研认知，提出提升其科研生产力的策略建议，从而帮助博士生成长为独立的研究者。通过对文献的多轮检索、梳理和分析，本书逐渐聚焦了研究方向，明确以社会认知理论和自我效能理论为基础，建立了科研训练环境、科研自我效能与科研生产力三者构成的基本框架。同时，笔者也发现围绕博士生科研生产力问题还留有大量值得继续深入讨论的空间。

第一，关于本书的核心要素——科研自我效能、科研训练环境、科研生产力，国内外都有一定的研究基础，尤其是关于科研自我效能概念，国外学者对其已有比较明确的定义和统一的解释，针对科研训练环境概念也有团队进行过系统深入的研究，这两个核心要素的测量工具也相对成熟。但围绕科研生产力这一核心概念的内涵还缺少系统梳理，由概念内涵到实际测量过程中的逻辑还缺少详细的说明；而且还没有研究探讨过博士生与科研人员科研生产力的区别与联系。为此，本书首先对科研生产力这一概念的内涵与测量方法进行了梳理，由此界定本书中的博士科研生产力概念。

第二，关于研究对象和范围。已有的博士生科研生产力研究样本多取自心理学领域且样本数量有限，研究结果的可推广性还需要进一步检验。为此，本书选取博士生样本时，将研究范围扩大至我国除了军事学以外的所有学科门类，立足于我国博士生培养的现实情境建立理论模型和解释研究结果。

第三，关于研究方法。无论是教师的科研生产力还是博士生的科研生产力，以往关于个体科研生产力的研究绝大部分是通过量化分析方法，检验相关要素与科研生产力的关系，但此前的研究对于结果的解释分析还不够深入，对于如何应用研究结果于博士生培养之中还没有系统讨论。这提示本书在设计时，将考虑采用混合研究方法，进一步搭建起理论—检验—应用的桥梁，结合访谈材料、联系博士生培养的具体场景，系统阐述相关变量对博士生科研生产力的影响机理并提出策略建议。

第四，关于研究工具。前期的实证研究从不同角度为本书探索的问题提供了可以借鉴的思路、方法和工具，特别是一些量表工具对本书的问卷编制有很大的启发和帮助。但是，这些测量工具在已有研究中主要用于测量心理学和教育学领域的博士生，是否能够直接适用于测量我国各个学科博士生的变量数据还值得商榷。因此，还需结合我国博士生培养与发展的特征重新开发设计调查问卷。

第五，关于理论探索。在现有研究基础上，还可以提出新的研究假设，继续探索相关变量之间的复杂关系，增加中介变量与调节变量作用的分析，构建博士生科研生产力发展路径模型，从而进一步完善已有的理论框架。

总体来看，围绕本书所关注的博士生科研自我效能、科研训练环境、科研生产力的关系问题，国外虽有一定实证研究基础，但多以心理学博士生为样本，研究工具和研究结果的应用范围和可推广性还需要进一步验证。而国内尚未有研究，系统地分析相关理论在我国博士生培养过程中的适用性和意义，关于博士生科研生产力的实证研究更加稀少，这也使得本书的理论探索和实证分析更具有价值和意义。

第 3 章
理论框架与研究设计

本章首先阐述了研究的理论基础，由此构建了研究的理论框架，提出研究假设和模型。其次是介绍了研究中所使用的混合研究方法和相关研究工具，介绍了问卷工具开发和修订过程，以及如何实施调查以收集变量数据。最后，本章还对样本数据进行了信效度检验和探索性因子分析，为后续研究分析奠定基础。

3.1 理论基础与分析框架

社会认知理论以及脱胎于其中的自我效能理论是经过时间检验和淘洗后，广泛应用于心理、教育、体育等领域的发展比较成熟的理论，对于本书有着重要指导意义，为本书的理论迁移、模型建构和研究假设的提出奠定了基础。

3.1.1 理论基础：从社会认知理论到自我效能理论

班杜拉（Albert Bandura）是当代美国著名的心理学家，深受 20 世纪前半段盛行的行为主义心理学的学术训练。但随着认知心理学和人本主义心理学的兴起，传统行为主义对人的内在意识作用的排斥遭到猛烈的批判，班杜拉也在不断寻求新的理论突破，试图阐释人在社会中的学习行为及主体性作用。班杜拉认为，人类行为的起源不是天赋的，而是后天习得的。后天习得有两种形式，一种是直接实践，通过人的直接活动与体验习得；另一种是间接体验，通过观察他人行为来学习，人类行为是在个体直接体验基础上大规模地间接观察模仿的产物。后来，他又用社会认知原理解释人的认知、动机、技能、社会化、自我控制等，从对人类学习行为的研究进一步扩展建立起社会认知理论体系。

社会认知理论有两个最为突出的特征，或说基本假设。一是认为人类动因是在一个包含三元交互因果关系的相互依赖的结构中发挥作用的，即著名的三元交互决定论，这是班杜拉所有理论体系的基本框架。所谓三元，分别指个体行为（Behavior）、个体认知（Personal）、外在环境（Environment），这三者既相互独立，又相互影响、相互作用（见图 3-1）。

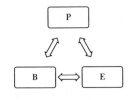

图 3-1   三元交互决定论

个体认知（P）与个体行为（B）是相互决定的。个体内部因素，包括认知、情感等，都会对个体行为起到强有力的支配作用，个体的目标设立、结果预期、情感倾向等都会决定其是否有所行为以及行为策略。反过来，个体的行为及其所带来的结果也对认知、情绪和生理造成影响。个体认知（P）与外在环境（E）是相互决定的。环境会塑造和改变个体认知，相反，个体并非被动地接受外在环境的刺激，而是会有自我选择和调节。如果个体认为能够在一个环境中实现预期目标，那么他（她）就会倾向于投入该环境，从而对环境产生作用。同时，个体的气质、信念、情感也会激发不同的环境反应；个体行为（B）与外在环境（E）是相互决定的。外在环境会刺激个体做出不同的行为反应，对个体的行为产生影响，同时，个体行为也会选择、改变环境。需要注意的是，在三元交互决定论中，三者之间的影响力、发生作用的时间先后并没有固定的模式，针对不同情境、不同个体，环境、认知和行为都可能在系统中起着主要作用。因此，交互关系不意味着双向影响力量的对称性和同时性。

社会认知理论的另一突出特征是假设人具有主体性能力或意向性能力。人的性质是根据使用符号的能力、预见能力、替代能力、自我调节能力、自我反思能力等基本能力界定的，特别是伴随着信息技术和电子媒体的迅猛发展，人类的社会认知与学习行为必须不断自我更新、自我发展，因此，人的自我组织、自我调节与自我反思的重要性日显突出。在各种反思中，人的效能信念是主体能动性的基础，全面影响着人的思维、情感和行动。所以，后期班杜拉将研究方向主要转向自我效能理论的探索与建立上。

三元交互决定论探讨的是环境、行为和认知的交互决定关系，其中，有关人的主体性因素，特别是认知因素是班杜拉最为重视的。自我效能理论实际上是社会认知理论的聚焦深入和逻辑延伸，它建立在三元交互决定论的基础之上，但更关注其中对个体认知因素的研究。

自我效能最早于 1977 年被提出，之后的 20 年里，班杜拉对这一概念不断丰富和发展，最终形成了自我效能理论。自我效能是一种"人们对自身完成既定行为目标所需的行动过程的组织和执行能力的判断"，本质上是一种生成能力，"它综合认知、社会、情绪及行为方面的亚技能，并能把它们组织起来有效地综合地运用于多样目的"（班杜拉，2003）。这种生成能力不是某种具体能力本身，而是个体在全面衡量和判断自身机能之后产生的一种对自身能力信念的认知判断，这种对自身能力的认知判断会从认知建构、动机、行为、情感四个方面影响个体的行为策略组织和行为结果。

根据班杜拉的理论，自我效能的信息建构来源主要有四种：第一是亲历的动作性掌握经验。这是个体自我效能来源中最强有力的一种，因为个体通过亲身经历所获得的经验最具有说服力，能够使个体对自身能力水平有最直接可靠的认识。第二是替代经验。个体无法亲历掌握所有经验，因此效能信念的另外一种重要来源是以榜样为中介的替代性经验，通过观察示范和模仿行为获得的替代经验也会使个体对自我效能做出判断。榜样与个体的相似性、示范的丰富性与多样性、榜样的能力与权威等因素具有影响替代经验对个体效能判断的作用。第三是言语说服，即通过他人的鼓励、劝说、告诫、建议、暗示等加强个体的效能信念。这种言语说服能够促使个体的付出及持续性，其效果自然也会受到劝说者的反馈行为方式、知识丰富和可信度、劝说评价与个体效能信念的差异程度等影响。第四是生理和情感状态，即通过对一些生理和情绪状态所传递的身体信息的判读，使个体判断自身的能力。例如，在高压力的应激情境中，个体可能会出现紧张焦虑、发抖、汗液或唾液增多、疼痛以及疲劳等身体信号，这些不适反应可能会被个体理解为无效能的标志。了解自我效能的性质和建构来源，可以帮助个体更好地、有策略地提高效能信念。

3.1.2 分析框架：社会认知理论在博士生科研活动中的应用

自我效能理论被广泛应用于心理治疗、教育、体育等领域，尤其是在高级认知功能中，活动更复杂且需要更高水平的自我指导，所以效能信念更为重要（班杜拉，2003）。具体到博士生在科研活动中的经历：第一，博士生的身份具有特殊性，既是接受专门系统知识和学术训练的学生，也是从事科研活动、生产新知识的年轻研究者。作为已经具有成熟的认知水平和判断能力的成人，有必要在其学习发展过程中凸显主体的能动性，发挥博士生的自我调节、自我反思与自我评价能力，而这些都是基于个体对自身效能信念的判断。第二，博士生培养与本科生、硕士生培养区别在于，科学研究是博士生培养的重要载体和路径，而科研本身是一项富有挑战性、创新性、需要持续付出努力的活动，是如班杜拉所述的一种复杂而高级的认知活动。因此，理论上，自我效能应该会在博士生科研活动中发挥重要的影响作用。

　　以班杜拉在社会认知理论中建构的外在环境（E）—个体认知（P）—个体行为（B）的三元交互决定论和自我效能理论为基础，可以初步建立起博士生科研生产力发展的理论框架。博士生所处的科研训练环境（Research Training Environment，RTE）可以被视为外在环境因素，科研自我效能（Research Self-efficacy，RSE）可以作为个体认知因素，科研生产力（Research Productivity，RP）可以引申为个体行为因素。

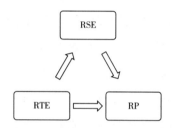

图 3-2　博士生科研生产力发展路径理论框架

　　科研训练环境（RTE）对科研生产力（RP）的影响。在三元交互决定论中，班杜拉认为外在环境会对个体行为产生刺激，从而影响个体行为。在博士生的科研训练环境中，与科研相关的一切要素均可能影响到博士生的科研行为。例如，导师帮助博士生制定合理的科研训练计划，做出有效的科研指导与评价反馈，鼓励博士生大胆创新与挑战，对博士生科研成果产出和科研能力的提升有重要作用；鼓励平等交流、勇于探索的科研氛围也会促进博士生积极思考、敢于创新和突破；良好的科研资源、设备条件和平台更是为博士生提供了参与科研实践活动的机会。这些在通常意义上都可能对博士生的科研成果产出和科研能力提升有着积极作用。

　　科研训练环境（RTE）对科研自我效能（RSE）的影响。外在环境对个体认知有塑造和改变的作用，上文提到，自我效能的建构来源包括亲历的动作性掌握经验、替代经验、言语说服、生理和情感状态。这同样可以用来解释博士生科研自我效能的建构来源。一些科研训练环境可能会为博士生提供更多亲身实验、尽早投入科研活动的机会。教师或同辈在科研活动中的榜样示范作用为博士生提供了替代经验，通过教师的言传身教，博士生可以观察学习科研活动中的技能、策略和反应，而教师的言语说服，包括鼓励、劝说、建议、暗示等，都会促使博士生提高对自身的能力信念。博士生如果能有充分的机会在平等融洽、包容失败的环境中进行学术交流和科研探索，就会形成积极的心理暗示和正面的情绪反应，进而提高科研自我效能。

科研自我效能（RSE）对科研生产力（RP）的影响。在三元交互决定论中，班杜拉认为个体认知等内部因素对个体行为有强有力的支配作用，具体在自我效能理论中，自我效能信念主要通过四种过程调节人类活动：认知过程、动机过程、情感过程和选择过程。如果将其迁移至博士生科研活动场景中可做如下解释，（1）认知过程：自我效能会影响个体认知建构，具有高科研自我效能的博士生在科研工作中对于情境的解释可能更为积极，例如，会想象自己实验成功的场景，把各个环节看作获得科研成功的机会等。（2）动机过程：心理学动机理论中区分了三种动机，分别是归因理论中的成果归因、期望价值理论中的结果预期和目标理论中的认知性动机。具有高科研自我效能的博士生倾向于将成功的原因归结于自己的能力，将失败归因于努力不足或其他的不利条件，而低科研自我效能的博士生倾向于将失败归因于自身能力欠缺。在对结果做出预期时，高科研自我效能的博士生可能会因为相信自身的能力而做出持续的努力，低科研自我效能的博士生则可能会怀疑自己不具备做出结果的能力而放弃。高科研自我效能的博士生可能会设立更高的具有挑战性的目标而更加努力，低科研自我效能的博士生可能会设立更容易完成的目标，而降低努力程度，由此做出更高水平的科研成果的可能性也会降低。（3）情感过程：如果将科研活动中的实验失败等事件视为潜在威胁，高科研自我效能的博士生由于相信自己有能力控制这种潜在威胁，因此不会或少有焦虑、抑郁情绪等生理应激反应，或能将反应控制在一定范围内。而低科研自我效能的博士生可能认为自己没有能力控制潜在威胁，导致压力、沮丧、紧张等情绪和生理性应激反应急剧上升，最终影响自己的科研行为结果。（4）选择过程：个体通常会避开自认为超过其能力的活动和环境，而积极担负自己有能力从事的活动。高科研自我效能的博士生相信自己能够从事具有更高挑战性的活动，所以倾向于选择更具难度或具有一定风险的科研任务，从而做出高水平科研成果的可能性也会增加，科研能力的发展也越充分。而低科研自我效能的博士生则倾向于选择相对较低难度的科研任务，相比之下，科研成果的水平和科研能力的提升可能略有不足。

由此可见，从理论上推断，三元交互决定论和自我效能理论可以适用于对博士生科研活动场景的解释，因此，本书将以上理论迁移至博士生科研活动场景中作为研究的总体分析框架。接下来，需要在此基础上进一步建立博士生在科研活动中的认知发展模型并进行检验，从而论述博士生的科研生产力发展路径问题。鉴于笔者感兴趣的是科研活动中的何种因素有助于博士生提升科研生产力，所以尽管一些博士生个人背景特征的因素可能能够预测其科研生产力，但超出了本书范围，暂不在理论框架中体现。

3.2　研究假设与模型

以上理论框架的构建并非本书首创。国外已有研究在班杜拉理论基础上，建立了科研训练环境、科研自我效能和科研生产力三者的联系并进行实证检验。如 Phillips 和 Russell（1994）以 125 名咨询心理学博士生为样本，讨论了三个变量两两之间是否存在显著的相关性。Lambie 等人（2011，2014）更加深入而完整地检验了科研训练环境、科研自我效能、研究兴趣、科研知识发展和学术发表等变量之间的关系。这些研究为本书的假设和理论建构提供了很好的基础，但同时也存在一定的局限。首先在方法上，以往研究多是对两变量的相关性进行检验，或是建立线性回归方程进行分析。但根据班杜拉的社会认知理论和自我效能理论，认知与行为之间是交互决定作用，这种更加复杂的交互关系的检验可以利用结构方程模型分析来实现。另外，以往研究在检验科研自我效能和科研生产力的关系时，忽略了班杜拉提出的自我效能会通过认知建构、动机、行为、情感四个方面影响行为策略组织和行为结果，没有继续分析科研自我效能是经由哪些中介效应影响科研生产力的。本书试图在前人的理论和研究基础上，利用结构方程模型分析更加系统地分析科研训练环境（RTE）、科研自我效能（RSE）和科研生产力（RP）三者的关系模型，并且引入目标建构、科研投入和科研兴趣等变量来完善理论模型。

3.2.1 研究假设

环境会塑造和改变个人的认知特征，刺激个体做出不同的行为反应，因此，博士生所处的科研训练环境可能会影响其科研自我效能的形成和科研生产力的发展。Phillips 和 Russell（1994）的研究证明了科研训练环境与科研自我效能之间具有显著的正相关关系。科研训练环境与论文发表等科研产出之间的显著正相关也在低年级博士生样本中通过了检验。Brown 等人（1996）的研究验证了科研训练环境与科研生产力显著相关，且自我效能在二者之间起中介作用。Lambie 等人（2011，2014）的研究结果表明，拥有较高科研自我效能的博士生也拥有更多的学术发表，并且科研自我效能与科研知识能力发展之间也具有显著的相关性。班杜拉认为，个体认知对行为有支配作用，反过来，个体行为及其带来的结果也会对个体认知造成影响，目前虽尚未有研究检验科研生产力对科研自我效能的影响作用，但在访谈中，不少被访者表示，自身科研能力的发展和拥有一定科研成果会提高其对自我效能的认知。因此，本书在前人的研究基础上，试图进一步挖掘科研生产力和科研自我效能是否相互影响。基于以上理论与实证研究基础，本书提出如下研究假设：

　　H1：科研训练环境对科研自我效能具有显著正向影响。

　　H2：科研训练环境对科研生产力具有显著正向影响。

　　H3：科研自我效能对科研生产力具有显著正向影响。

　　H4：科研生产力对科研自我效能具有显著正向影响。

　　班杜拉在自我效能理论中提出，自我效能会通过认知建构、动机、行为、情感四个方面影响行为策略组织和行为结果。根据这一理论，本书加入了目标建构、课题参与、科研时长和科研兴趣四个变量来反映科研自我效能对科研生产力的影响路径，并提出如下研究假设：

　　H5：目标建构在科研自我效能和科研生产力之间起中介作用。

　　H6：课题参与在科研自我效能和科研生产力之间起中介作用。

　　H7：科研时长在科研自我效能和科研生产力之间起中介作用。

　　H8：科研兴趣在科研自我效能和科研生产力之间起中介作用。

3.2.2　模型设定

　　根据第 2 章对博士生科研生产力的界定，本书采用两种方式来测量博士生科研生产力：第一种是通过博士生自我报告的科研知识与技能发展程度（以下简称"科研能力发展"）来测量；第二种是通过统计博士生各类论文等出版物和会议报告的情况（以下简称"科研产出"）来测量。因此，在同样的假设下分别建立两个模型进行检验，并衍生出若干假设。进行汇总后的假设和模型，见表 3-1、图 3-3、表 3-2、图 3-4。

表 3-1　博士生科研能力发展相关假设汇总

序号	假设
H1	科研训练环境对科研自我效能具有显著正向影响
H2a	科研训练环境对科研能力发展具有显著正向影响

续表

序号	假设
H3a	科研自我效能对科研能力发展具有显著正向影响
H4a	科研能力发展对科研自我效能具有显著正向影响
H5a	目标建构在科研自我效能和科研能力发展之间起中介作用
H6a	课题参与在科研自我效能和科研能力发展之间起中介作用
H7a	科研时长在科研自我效能和科研能力发展之间起中介作用
H8a	科研兴趣在科研自我效能和科研能力发展之间起中介作用

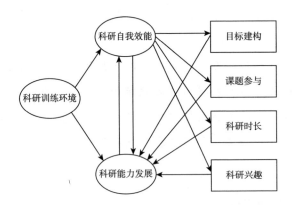

图 3-3 博士生科研能力发展路径假设模型

表 3-2 博士生科研产出相关假设汇总

序号	假设
H1	科研训练环境对科研自我效能具有显著正向影响
H2b	科研训练环境对论文发表具有显著正向影响
H2c	科研训练环境对会议报告具有显著正向影响
H3b	科研自我效能对论文发表具有显著正向影响
H3c	科研自我效能对会议报告具有显著正向影响
H4b	论文发表对科研自我效能具有显著正向影响
H4c	会议报告对科研自我效能具有显著正向影响
H5b	目标建构在科研自我效能和论文发表之间起中介作用
H5c	目标建构在科研自我效能和会议报告之间起中介作用
H6b	课题参与在科研自我效能和论文发表之间起中介作用

续表

序号	假设
H6c	课题参与在科研自我效能和会议报告之间起中介作用
H7b	科研时长在科研自我效能和论文发表之间起中介作用
H7c	科研时长在科研自我效能和会议报告之间起中介作用
H8b	科研兴趣在科研自我效能和论文发表之间起中介作用
H8c	科研兴趣在科研自我效能和会议报告之间起中介作用

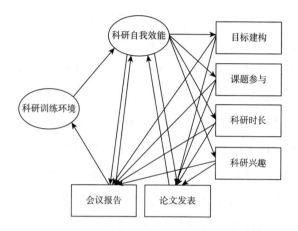

图 3-4　博士生科研产出发展路径假设模型

3.3　研究方法

　　根据研究问题与研究目的的需要，本书采用问卷调查、访谈等定量与定性相结合的混合研究方法，利用结构方程模型、因子分析等统计分析手段开展研究工作。在这种混合研究方法中，具体采用了先定量、后定性的顺序法（sequential）策略（克雷斯威尔，2007），即用某一种方法收集到的数据来详细阐述和说明另一种方法得到的研究结果。本书先用定量方法来论证相关理论假设，然后通过个体访谈的定性方法来详细探究和解释相关结果。

3.3.1 文献研究法

本书利用一些重要的文件，期刊、书籍等出版物，补充访谈、问卷调查、观察等方法得出最终结果。这种作为佐证测量结果或验证结果的文献分析，可以算作文献研究法（肖军，2018）。文献研究的过程就是获取有用信息进行加工的过程（李志、潘丽霞，2012）。本书使用文献研究法的目的主要是进一步丰富与充实本书的观点，帮助解释通过问卷调查和访谈得出的结果，从而更好地回答研究问题。文献研究对象包括书籍、期刊文章、研究报告、国内外相关二手数据等。

文献综述部分的目的，是了解国内外研究现状、归纳梳理本书涉及的核心概念、建构理论框架、学习借鉴重要变量的测量工具手段。具体来说，首先，通过在 ERIC、EBSCO、Google Scholar、Springer、中国知网等数据库平台的文献检索，得到以博士生科研生产力为主题的相关文献，从而了解国内外博士生科研生产力研究的进展与留给本书的探索空间，归纳出本书涉及的重要变量。其次，利用追溯法进一步检索与科研生产力、科研训练环境、科研自我效能等重要变量相关的文献，以及社会认知理论、自我效能理论方面的相关著作，以此确立本书的研究视角、研究思路与理论基础，建构研究的理论框架。最后，从文献中析出科研生产力、科研训练环境、科研自我效能等重要变量的内涵与测量方法等相关内容，为本书的概念界定和研究工具的设计开发提供借鉴。

3.3.2 问卷调查

本书采用问卷调查这一定量分析手段的目的在于，收集博士生对科研训练环境的评价、博士生对科研自我效能的认知，以及博士生科研生产力这三个潜变量的观测变量数据，分析这三个潜变量之间的关系和影响路径，从而检验博士生科研生产力发展路径理论框架。同时，目标建构、课题参与、科研时长、科研兴趣等中介变量在研究中也将被统计。详细的变量结构与测量方法在下一节（研究工具开发与修订）中有具体介绍。参考国外已有研究测量工具，本书设计了博士生在校科研体验调查问卷，通过内容效度分析、前测结果对问卷进行修订，检验问卷的信度与效度并投入正式调查，以此收集研究假设与模型中的变量数据。

　　数据分析部分主要利用结构方程模型方法进行路径分析。结构方程模型，作为统计分析技术主要用于检验某一理论模型是否与样本数据适配，这就要求其假设模型一定要建立在理论基础上，这也是结构方程模型是一种验证性统计方法而非探索性统计方法的原因（吴明隆，2009）。而且，结构方程模型可以同时实现测量与分析，它包含了因子分析和路径分析等不同的统计技术，所以可以同时实现因子分析、信效度分析、模型适配度与解释力度分析、多变量的路径分析、直接效应与间接效应、交互效应等多项功能。

3.3.3　访谈

　　本书对学术型博士生进行了半结构式个别访谈，具体形式既包括正规式访谈，也包括非正规式访谈，既包括横向访谈（一次性访谈），也包括纵向访谈（两次以上的访谈、深度访谈），目的是深入了解博士生对其所处的科研训练环境和参与科研活动的认知与感受，聆听并记录他们在科研活动中的故事，从中挖掘对他们的科研生产力发展产生影响的要素和影响路径。遵循顺序型混合研究策略，访谈获取的资料将作为检验研究假设与理论模型的佐证，解释路径分析的结果。

3.4　研究工具开发与修订

3.4.1　问卷设计

　　在前期文献调研过程中，发现国内外有不少研究已设计相关问卷或量表采集研究生科研活动数据。本书在问卷编制时主要参考了以下几种问卷量表。

　　（1）英国研究生科研体验调查问卷。研究生科研体验调查

（Postgraduate Research Experience Survey，PRES）由澳大利亚教育研究会和毕业生职业指导委员会于 1999 年发起，以回溯的方法系统搜集已毕业的研究生对他们在学期间科研经历的认知和感受。2007 年，英国高等教育学会（Higher Education Academy，HEA）引入研究生科研体验调查，获取并检验研究生培养过程中的质量信息。目前的 PRES 主要关注七个方面：导师指导、研究氛围、基础设施、过程评估、研究技能、职业发展、责任以及整体的满意度。每个方面包括 4~6 个问题，通过五点量表（完全同意、同意、中立、不同意、完全不同意）测量被调查者对其科研经历的看法。此外，每个方面还增加一个开放式的评论文本框，以搜集被调查者对此维度的评论和意见。①

（2）科研训练环境量表。Gelso 教授及其团队为了具体描述和测量咨询心理学研究生的科研训练环境而编制了科研训练环境量表（Research Training Environment Scale，RTES）。此后，很多研究者利用这一量表对心理学领域研究生进行测量。Gelso 后续又对该量表进行修订（Research Training Environment Scale-Revised，RTES-R），最终认为教师科研行为与态度的榜样作用、科学活动在环境中的正向激励、学生尽早参与科研、强调所有研究都是有瑕疵的、传授和重视不同的研究方法、向学生展示科研与实践相结合六个维度是影响博士生科研态度和产出的重要的因素（Gelso et al.，1996）。

（3）科研自我效能量表。通常的科研自我效能测量方法是列举出科研活动所需的研究技能或研究任务，测量个人对具备这些技能以及完成这些特定研究任务的信心程度，目前已有研究采用的科研自我效能量表主要有以下几种。

● SERM（Self-efficacy in Research Measure）量表。该量表列出具体的 33 项研究技能作为测量项目，这些研究技能被分为四个维度：实践研究技能、定量与计算机技能、研究设计技能、写作技能，量表以 0~9

---

① Higher Education Academy. 2019. Postgraduate Research Experience Survey. https：//www. heacademy. ac. uk/institutions/surveys/postgraduate-research-experience-survey#section-2.

的十点量表进行测量（Bieschke et al., 1996）。后来，Kahn 和 Scott（1997）又将 SERM 量表简化为 12 个题项的五点量表，该研究报告的量表内部一致性为 0.90。

● RSES（Research Self-efficacy Scale）量表。该量表是一个九点量表，包括四个维度：研究概念化、研究实施、早期任务、成果展示，共 51 个具体项目，被试博士生需对每一项目进行 0～100 范围内的打分（Greeley et al., 1989）。该研究报告的内部一致性为 0.96。

● RAM（Research Attitudes Measure）量表。该量表是一个五点量表，用 23 个项目分别测量个体对研究方法选择、数据收集、分析与解释等科研任务的完成信心，研究报告的内部一致性为 0.93（O'Brien et al., 1998）。Forester 等人（2004）利用以上三个量表对 1004 名应用心理学专业研究生进行了测量，RSES、SERM、RAM 三个量表的克隆巴赫系数分别为 0.98、0.96 和 0.89。

另外，包括"清华大学博士生毕业调查问卷""我国研究生培养质量调查（博士毕业生版）"等在内的问卷及量表为本书的调查工具设计提供了很好的启发，但由于 PRES 调查问卷和我国的调查问卷中只有部分题项与本书关注问题相关，科研训练环境量表和科研自我效能的一系列量表的设计开发主要针对美国心理学领域博士生，因此可能不适合直接用于本书的调查研究。因此，本书在参考以上问卷和量表的基础上，重新编制了博士生科研体验调查问卷。该问卷面向学术型在校博士生群体，主要分为科研训练环境、科研自我效能、科研能力发展、科研目标兴趣、个人背景特征五个维度。初始问卷中，科研训练环境量表共设有 27 个题项、科研自我效能量表设有 14 个题项、科研能力发展量表设有 11 个题项、科研目标兴趣量表设有 8 个题项，以上四个维度的量表均以李克特五点量表的形式呈现。个人背景特征维度除了设有性别、年级、入学方式、学科、培养单位等基本信息题项外，还设置了科研活动时长、科研成果、论文发表和学术写作等相关方面的题项。

3.4.2 变量测量

本书所涉及的主要变量及测量方法如表 3-3 所示。根据前期文献调研发现，对博士生的科研训练产生影响的环境既包括物质环境，如设备设施、文献资料、经费支持等，也包括社会环境，如导师的指导方式、科研观念文化、管理文化等。参考 Gelso 对科研训练环境（RTE）的定义和主要测量内容，调查中科研训练环境维度的题项涉及博士生在学期间，在科研活动中接触的一切物质条件和社会资源的总和，包括导师支持、科研文化等方面的软件因素和资源条件、科研补助等方面的硬件因素。

科研自我效能是指个人对完成各项研究任务的能力信念（Bieschke et al.，1996），因此，科研自我效能维度的题项用来测量博士生对实现科研活动中的一系列任务的信念判断。借鉴 SERM、RSES、RAM 量表内容，题项包括对科研方法技术、组织执行、发表交流等科研任务环节的信心判断。

科研能力发展是指博士生经过在校期间的科研训练后，科研能力提升的情况。边国英（2008）认为，根据性质不同可将科研能力分为三类：认知能力（心智水平）、实践操作技能、缄默知识。Madan-Swain 等人（2012）构建了博士生的三维能力模型，其中 x 轴代表基础能力或知识为基础的能力，y 轴代表应用型能力，z 轴代表职业发展阶段，每个轴都包含若干具体技能。Olehnovica 等人（2015）在研究中同样采用了一种将研究能力三分类的方法，分别为信息能力、交际能力、工具能力。可见，从当下趋势来看，博士生需要发展的科研能力不仅包括科研知识与方法等"硬实力"，还包括众多促进其职业发展的可迁移技能与素养等"软实力"。这些都为本书对博士生科研能力的界定与测量提供了非常有益的启示。参考以上对博士生应具备的研究能力的归纳，本书测量题项包括理论知识运用、方法技术运用、学术写作、合作与沟通、参与学术社交网络等方面的能力发展程度。目标建构变量是指博士生对获取学位、当下从事的研究活动以及未来职业方向等目标的认知清晰度情况。科研兴趣变量是指博士生对从事科研活动、当下研究课题及未来从事研究工作的兴趣程度。以上变量均以李克特五点量表的形式进行测量。

科研产出通常被界定为研究者学术论文的数量或学术论文与学术会议汇报数量的总和。因此，本书从论文发表和学术会议报告两方面对其进行测量。论文发表指标参考 Kim 和 Karau（2009）的研究，以博士生出版发表过的期刊文章、会议论文、专著或合著作为统计对象进行计数求和，在此基础上发表数量总和聚类为五类，按由低至高分别赋值为 1~5 分。会议报告指标参考 Kahn 和 Scott（1997）研究中对于学术活动的测量方法，针对调查中的四类学术会议，博士生针对每类学术会议回答"参加过"即计为 1 分，以此类推，最高为 4 分。

科研投入从博士生参与课题项目数量和每周用于科研活动（如搜集阅读文献、调研、实验、组会、写作、学术讨论等）的时长两方面进行测量。仿照论文发表变量的测量方法，课题参与由参与课题项目数量加和后聚类为五类，按由低至高分别赋值为 1~5 分；科研时长由每周用于科研活动时间聚类为五类，按由低至高分别赋值为 1~5 分。

表 3-3 变量的操作化测量

变量名称	操作化指标	测量方法
科研训练环境	科研训练环境	参考英国 PRES 问卷、科研训练环境修订量表（RTES-R）、国内相关问卷等编制的五点量表
科研自我效能	科研自我效能	参考 SERM、RSES、RAM 量表编制的五点量表
科研能力发展	科研能力发展	参考英国 PRES 问卷、Braxton 和 Toombs 研究编制的五点量表
目标建构	目标建构	参考英国 PRES 问卷编制的五点量表
科研兴趣	科研兴趣	自编五点量表

续表

变量名称	操作化指标	测量方法
科研产出	论文发表	出版发表过的期刊文章、会议论文、专著或合著数量加和后聚类为五类,按由低至高分别赋值为 1~5
	会议报告	每参加过一类学术会议计 1 分
科研投入	课题参与	将参与课题项目数量加和后聚类为五类,按由低至高分别赋值为 1~5
	科研时长	将每周用于科研活动的时长聚类为五类,按由低至高分别赋值为 1~5
个人背景特征	性别	0=男,1=女
	年级	1=低年级,2=高年级①
	学科类型	1=人文社科,2=理工农医②
	学校类型	1=原"985 工程"高校,2=原"211 工程"高校(不含原"985 工程"高校),3=其他高校

3.4.3 问卷修订

问卷编制后首先经由专家咨询进行了内容效度分析,结合专家意见对问卷部分题项设计做出调整后,在小范围进行了预试。预试的主要目的是评价问卷的信度与效度,找出问卷是否需要删减题目,同时帮助本调查发现题目中是否存在表述模糊、存在歧义的地方,了解被调查者对问卷的反应与态度,从而对问卷进行修改,以保证正式调查活动能够顺利进行。通常来说,预试样本数取该调查问卷题项最多的分量表的题目数的 3 倍人数,如果要做因子分析,则预试样本数量最好达到量表题目数的 5 倍(吴明隆,2009)。本调查使用的问卷中,量表题项数目最多的为 24 道,因此预试样本数在 120 份以上效果更佳。本调查在预试中使用的样本抽取自清华大学在读的学术型博士生群体,回收有效问卷

---

① 低年级指二年级博士生,高年级指三年级及以上的博士生。
② 人文社科类包括文学、史学、哲学、教育学、经济学、法学、管理学、艺术学学科门类;理工农医类包括理学、工学、农学、医学学科门类。

140 份，符合使用因子分析的预试样本数要求。

　　除了内容效度分析，还需要对问卷进行建构效度分析。所谓建构效度是指能够测量出理论特质或概念的程度（吴明隆，2009），也就是在调查中实际测量的情况能在多大程度上解释某一理论特质。测量建构效度比较常用的方法是因子分析，以较少的构念来表征原来复杂的数据结构，累积解释变异量、因子负荷和共同度是评价结构效度的主要指标。在因子分析之前，还要用 KMO 和 Bartlett 球形检验来衡量变量是否适合进行因子分析。KMO 值越大表示越适合进行因子分析，若 KMO 值小于0.5，则不适合进行因子分析。

　　首先，对科研训练环境（RTE）量表进行探索性因子分析，结果显示 KMO 值为 0.958，Bartlett 球形检验卡方为 8968.637，自由度为 325（p<0.001），检验结果达到了显著水平，表明适合进行因子分析。通过主成分分析法和正交旋转，抽取出 3 个共同因子，删除了 1 道交叉负荷过大的题目（RTE14）和 2 道交叉负荷特别接近的题目（RTE11、RTE12）。对余下的 24 个题项变量再次进行探索性因子分析，得到 3 个共同因子、24 个题项的因子结构。主要的指标结果如表 3-4、表 3-5、表 3-6 所示。抽取的 3 个共同因子累积可解释总变异量的 72.517%，各个题项的因子负荷均在 0.5 以上，大部分都在 0.6 以上，可以认为因子结构较好。

　　采取同样的步骤，本书对科研自我效能（RSE）量表和科研能力发展（Research Skill Development，RSD）量表也进行了探索性因子分析。科研自我效能量表和科研能力发展量表的 KMO 值分别为 0.959 和 0.942，均通过了 Bartlett 球形检验，且在 0.001 水平上显著，这表明科研自我效能量表和科研能力发展量表均适合进行因子分析。科研自我效能量表利用主成分分析法和正交旋转抽取出 2 个共同因子，能够累积解释总变异量的 74.553%，各个题项的因子负荷均在 0.6 以上，且不存在交叉负荷过大或接近的情况，无须删除任何题项。

表 3-4 科研训练环境（RTE）量表探索性因子分析结果

		解释变异量	累积解释变异量	因子1负荷	因子2负荷	因子3负荷
因子1	RTE24			0.870		
	RTE18			0.869		
	RTE21			0.856		
	RTE19			0.857		
	RTE20			0.856		
	RTE17			0.845		
	RTE25	38.812%	38.812%	0.832		
	RTE22			0.817		
	RTE23			0.811		
	RTE16			0.809		
	RTE26			0.807		
	RTE27			0.637		
	RTE15			0.565		
因子2	RTE7				0.761	
	RTE9				0.742	
	RTE5				0.729	
	RTE6				0.697	
	RTE10	22.039%	60.852%		0.686	
	RTE8				0.680	
	RTE13				0.671	
	RTE4				0.606	
因子3	RTE1					0.834
	RTE2	11.666%	72.517%			0.763
	RTE3					0.761

表 3-5　科研自我效能（RSE）量表探索性因子分析结果

		解释变异量	累积解释变异量	因子 1负荷	因子 2负荷
因子 1	RSE3	48.955%	48.955%	0.840	
	RSE2			0.811	
	RSE1			0.793	
	RSE5			0.792	
	RSE6			0.791	
	RSE4			0.770	
	RSE9			0.754	
	RSE7			0.744	
	RSE8			0.707	
	RSE10			0.679	
	RSE11			0.664	
因子 2	RSE13	25.598%	74.553%		0.829
	RSE12				0.795
	RSE14				0.732

　　科研能力发展量表抽取出 2 个共同因子，其中题项 9 交叉负荷过大（2 个共同因子负荷均超过 0.5），删去该题项后重新抽取出 2 个共同因子，能够累积解释总变异量的 80.917%，各个题项的因子负荷均在 0.6以上，可以认为因子结构较好。

表 3-6　科研能力发展（RSD）量表探索性因子分析结果

		解释变异量	累积解释变异量	因子 1负荷	因子 2负荷
因子 1	RSD3	65.054%	65.054%	0.864	
	RSD10			0.826	
	RSD4			0.789	
	RSD2			0.776	
	RSD1			0.742	
	RSD5			0.697	

续表

		解释变异量	累积解释变异量	因子 1 负荷	因子 2 负荷
因子 2	RSD7	15.863%	80.917%		0.887
	RSD6				0.823
	RSD11				0.814
	RSD8				0.604

　　在对以上问卷题项进行删减和因子分析后，可以认为问卷具有很好的内容效度和结构效度。接下来，本调查继续对问卷各个量表的信度进行检验。从克隆巴赫 α 系数来看，科研训练环境、科研自我效能、科研能力发展三个分量表的系数分别为 0.966、0.965 和 0.958。通常，克隆巴赫 α 系数在 0.6 以上即可认为内部一致性和信度良好，因此三个量表各自的内部一致性非常好，可信度很高。

　　经过以上设计和修订，最终形成的问卷中，科研训练环境量表包含 3 个观测变量，共计 24 个题项：观测变量一由指导水平、平等交流、及时反馈、鼓励挑战等 13 个题项组成，根据题项内容将其命名为科研指导与支持；观测变量二由项目申请、访学交流、学者交流、跨学科合作、研讨课程等 8 个题项组成，命名为科研氛围与机会；观测变量三由科研场所、科研设备、图书馆资源等 3 个题项组成，命名为科研资源与条件。科研自我效能量表包含 2 个观测变量，共计 14 个题项：观测变量一由发现问题效能、方法运用效能、学术写作效能、团队合作效能、学术评论效能等 11 个题项组成，根据题项的共同特征将其命名为知识技能效能；观测变量二由伦理规范效能、如期毕业效能、科研胜任效能 3 个题项组成，将其命名为胜任力效能。科研能力发展量表包含 2 个观测变量，共计 10 个题项：观测变量一由专业理论、方法技术、学术写作、批判性分析、创新创造、伦理规范 6 个题项组成，命名为科研知识应用；观测变量二由管理项目、团队合作、学术沟通、学术网络 4 个题项组成，命名为科研活动推进。科研训练环境量表、科研自我效能量表和科研能力发展量表均以李克特五点量表形式测量（1 = "完全不同意"；2 = "比较不同意"；3 = "一般"；4 = "比较同意"；5 = "完全同意"）。个人背景特征部分除了年级、学校、学科、培养方式、入学方式等背景信息问题外，还包含科研投入、科研目标、科研兴趣以及学校对论文发表的相关规定等问题。问卷内容详见附录 B。

表 3-7　正式问卷构成情况

潜变量	观测变量	题项数	题项举例
科研训练环境	科研指导与支持	13	导师鼓励我开展具有一定挑战性的研究
	科研资源与条件	3	我有合适的场所从事科研活动
	科研氛围与机会	8	我有机会和本专业领域的优秀学者交流
科研自我效能	知识技能效能	11	我有信心能够敏锐地提出好的研究问题
	胜任力效能	3	我有信心能够在科研活动中取得成功
科研能力发展	科研知识应用	6	我的专业理论知识得到了发展
	科研活动推进	4	我管理研究项目的能力得到了发展
个人背景特征	年级、学科、培养单位等	—	您现在是博士生的第几年？
科研投入	课题参与	1	您作为主要成员参与科研项目的情况如何？
	科研时长	1	您每周用于科研活动（如搜集阅读文献、调研、实验、组会、写作、学术讨论等）的时间大约是多少小时？
目标建构	目标建构	5	我对博士阶段从事的主要研究方向感到清晰
科研兴趣	科研兴趣	3	我对目前所进行的主要研究活动（某一课题/项目/实验等）充满了兴趣
科研产出	论文发表	1	读博期间，您的学术成果发表情况
	会议报告	1	读博期间，您在哪些类型的学术会议做过口头报告

3.4.4　访谈提纲设计

本调查在与访谈对象签署了保密承诺书之后，利用半结构式访谈对在读学术型博士生提问。访谈提纲分为三个方面的内容：第一，对科研环境与经历的评价与观点；第二，对自身科研生产力的认知与评价；第三，影响自身科研生产力的因素。研究预先设计了与以上三个方面相关的若干问题（详见附录 A），并在访谈过程中根据访谈对象的回答与反应对问题进行调整或追问，以最大限度获取对研究有用的信息。

3.5　数据准备

3.5.1　样本描述

本研究采用了方便抽样的方法，在综合考虑"985 工程"高校、"211 工程"高校、其他高校等院校类型，以及东中西部地区的区域分布以后，选取 15 所高校进行网络问卷发放。由于问卷发放时间集中在 9 月，博士一年级学生刚刚入学，可能尚未真正开展科研活动，并且期刊论文发表、学术会议报告等科研产出多需要一段时间的积累，因此在回收的问卷中采用了二年级及以上博士生填答的问卷作为样本进行分析。有效样本数共计 784 份，从性别来看，男性 432 份，占总样本的55.1%；女性 352 份，占总样本的 44.9%。从年级来看，二年级博士生样本 324 份，占总体的 41.3%；三年级博士生样本 257 份，占总体的32.8%；四年级博士生样本 125 份，占总体的 15.9%；五年级博士生样本 56 份，占 7.1%；六年级或以上的博士生样本 22 份，占 2.8%。从学科门类来看，自然科学类博士生样本共 620 份，占总体样本的 79.1%；人文与社会科学类博士生样本共 164 份，占总体样本的 20.9%。从院校类型来看，原"985 工程"高校样本 609 份，占总体的 77.7%；原"211 工程"高校（不含"985 工程"高校）样本 89 份，占 11.4%；其他：高校样本 70 份（占 8.9%），科研院所样本 16 份（2.0%）（见表 3-8）。

表 3-8　问卷调查样本特征描述（$n=784$）

单位：份，%

特征	类别	样本数	比例
性别	男	432	55.1
	女	352	44.9

续表

特征	类别	样本数	比例
年级	第二年	324	41.3
	第三年	257	32.8
	第四年	125	15.9
	第五年	56	7.1
	第六年或以上	22	2.8
学科门类	文学	13	1.7
	历史学	12	1.5
	哲学	14	1.8
	教育学	29	3.7
	经济学	24	3.1
	法学	28	3.6
	理学	136	17.3
	工学	300	38.3
	农学	117	14.9
	医学	67	8.5
	管理学	43	5.5
	艺术学	1	0.1
学校类别	原"985 工程"高校	609	77.7
	原"211 工程"高校（不含"985 工程"高校）	89	11.4
	其他	86	10.9

关于访谈对象，本调查首先对 7 名在学博士生进行了访谈，之后通过这 7 名被访谈者提供的线索和联系方式，以"滚雪球"（Snowball Sampling）的方式选择后续访谈对象。调查期间，共访谈来自不同学科门类的在学博士生计 12 人（见表 3-9）。

表 3-9　访谈对象特征描述

序号	对象编号	性别	入学方式与年级	学科门类
1	M1	女	普博一年级	理学
2	M2	女	普博三年级	管理学
3	H1	女	直博三年级	经济学

续表

序号	对象编号	性别	入学方式与年级	学科门类
4	H2	女	直博三年级	工学
5	M3	女	普博三年级	历史学
6	M4	女	普博三年级	教育学
7	M5	男	普博三年级	工学
8	H3	男	普博二年级	工学
9	M6	男	普博三年级	哲学
10	H4	男	直博四年级	工学
11	H5	女	直博四年级	经济学
12	M7	男	普博二年级	文学

3.5.2 信度与效度

对经过修订后正式发放并回收的问卷样本进行基本处理后，同样需要对调查的信度与效度进行测算。可信度仍旧利用克隆巴赫 α 系数表征，效度指标则通过验证性因子分析计算得出，其目的在于对经过前期探索性因子分析所修订形成的问卷结构进行检验。检验的指标主要有因子负荷、信度系数、组合信度（CR）、平均方差抽取量（AVE）等。其中，因子负荷即标准化估计系数，一般应在 0.50~0.95，因子负荷越大，证明观测指标能被潜在构念解释的变异越大，也就是观测指标能有效反映潜在构念。信度系数即因子负荷的平方，相当于观测指标与潜在构念建立的一元线性回归方程的 r 方值，通常在 0.5 以上为佳，信度系数越高，同样表示潜在构念解释观测指标的程度越高。CR 值作为检验潜在构念的组合信度（或构念信度），也是模型内部质量的判断标准之一，可以利用因子负荷进行计算，若 CR 值在 0.60 以上，则说明构念的测量内在一致性高，模型内在质量好。AVE 值与 CR 值类似，是一种收敛效度的指标，数值越大，则表示观测指标能有效反映潜在构念，模型内部质量好，通常需达到高于 0.50 的标准。

首先，对修订过的正式问卷的科研训练环境量表、科研自我效能量表、科研知识能力发展量表进行计算发现，三个分量表的克隆巴赫 α

系数分别为 0.967、0.968 和 0.961，均远远超过 0.60，可以认为三个
分量表的内部一致性非常高，量表的信度很好。

其次，对上文中探索性因子分析形成的结果进行信度与效度检验。第
一步是构建由科研指导与支持、科研氛围与机会、科研资源与条件 3 个潜
在构念和其下的 24 个观测指标组成的科研训练环境模型（见图 3-5）。

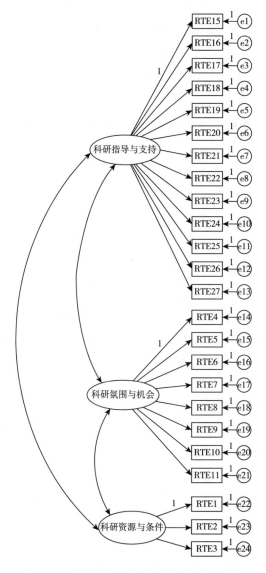

图 3-5　科研训练环境验证性因子分析模型

从因子结构模型适配度来看，虽然卡方值较大，且在 0.001 水平显著，应拒绝虚无假设，表明模型与样本数据是不适配的。但考虑到卡方值对样本大小十分敏感，当样本量较大时，卡方值很容易达到显著，所以需要结合自由度来进行判断。[1] 这里卡方与自由度比值为 3.23，小于适配参考值 5，表明模型和样本数据可以适配。虽然 AGFI 值为 0.891，略低于 0.90 的标准，但根据温忠麟（2016）的观点，0.85 以上的 AGFI 值即符合适配标准。其他绝对适配度指标 RMSEA 值也远远小于参考值 0.8。相对适配度指标 NFI、GFI、CFI 值均在参考值 0.9 以上，因此，可以认为模型整体的拟合程度良好，模型具有较好的建构效度（见表 3-10）。

表 3-10 科研训练环境（RTE）模型拟合情况

	检验指标	结果	适配标准
绝对适配度指标	χ^2	804.49***	
	df	249	
	χ^2/df	3.23	<5
	AGFI	0.891	>0.90
	RMSEA	0.058	<0.08
相对适配度指标	NFI	0.959	>0.90
	GFI	0.920	>0.90
	CFI	0.970	>0.90

说明：*** 表示 $p<0.001$，** 表示 $p<0.01$，* 表示 $p<0.05$。

从模型参数估计来看，24 个观测指标的标准化因子负荷均在 0.60 以上，且均在 0.001 水平上显著，说明潜在构念对观测指标的解释力强，观测指标能有效反映所要测量的构念的特征。除 RTE4 题项的 r 方值略低以外，其余 r 方值均在 0.5 以上，表示信度系数良好。利用组合信度执行程序对组合信度（CR）和平均方差萃取量（AVE）进行计算

---

[1] 卡方值容易受到样本量大小的影响，样本量越大，卡方越容易达到显著水平。因此在大样本的情况下，不能以卡方值作为判断标准，需要参考卡方与自由度的比值来进行适配度判断（吴明隆，2009：40）。

发现，三个潜在构念的 CR 值分别为 0.977、0.910 和 0.823，均高于 0.60，三个潜在构念的 AVE 值分别为 0.765、0.561 和 0.612，也都高于 0.50 的标准，说明具备足够的收敛效度，潜在构念的测量均有良好的内部一致性，模型的内在质量良好（见表 3-11）。

表 3-11　科研训练环境（RTE）模型参数估计摘要

潜在构念	观测指标	t 值	r 方	因子负荷	CR 值	AVE 值
科研指导与支持	RTE12	—	0.521	0.722	0.977	0.765
	RTE13	25.239***	0.779	0.882		
	RTE14	25.928***	0.819	0.905		
	RTE15	26.211***	0.836	0.914		
	RTE16	25.836***	0.813	0.902		
	RTE17	25.761***	0.809	0.899		
	RTE18	23.837***	0.699	0.836		
	RTE19	24.379***	0.729	0.854		
	RTE20	26.376***	0.846	0.920		
	RTE21	26.586***	0.858	0.926		
	RTE22	26.561***	0.857	0.926		
	RTE23	25.164***	0.774	0.880		
	RTE24	22.012***	0.601	0.775		
科研氛围与机会	RTE4	—	0.397	0.630	0.910	0.561
	RTE5	17.157***	0.522	0.723		
	RTE6	18.685***	0.655	0.809		
	RTE7	19.033***	0.689	0.830		
	RTE8	18.147***	0.655	0.778		
	RTE9	16.477***	0.471	0.686		
	RTE10	18.011***	0.593	0.770		
	RTE11	17.591***	0.557	0.746		
科研资源与条件	RTE1	—	0.643	0.802	0.823	0.612
	RTE2	24.847***	0.808	0.899		
	RTE3	17.569***	0.386	0.621		

说明：*** 表示 $p<0.001$，** 表示 $p<0.01$，* 表示 $p<0.05$。

　　利用同样的方法，构建图 3-6 所示的由知识技能效能和胜任力效能两个潜在构念、14 个观测指标组成的科研自我效能模型。

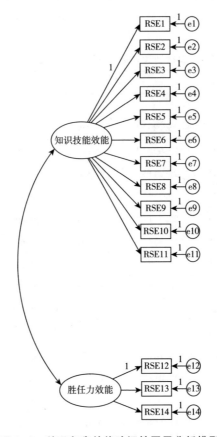

图 3-6　科研自我效能验证性因子分析模型

　　从模型的拟合效果来看，同样存在卡方较大的情况，但卡方与自由度的比值为 3.87，符合适配标准。AGFI、RMSEA 等绝对适配指标也都符合适配标准。NFI、GFI、CFI 等相对适配指标结果也都远远高于标准值 0.90，可以认为模型的拟合程度较好，观测指标能够有效反映潜在构念的特征（见表 3-12）。

表 3-12　科研自我效能（RSE）模型拟合情况

	检验指标	结果	适配标准
绝对适配度指标	χ^2	251.58***	
	df	65	
	χ^2/df	3.87	<5
	AGFI	0.929	>0.90
	RMSEA	0.061	<0.08
相对适配度指标	NFI	0.978	>0.90
	GFI	0.956	>0.90
	CFI	0.984	>0.90

说明：*** 表示 $p<0.001$，** 表示 $p<0.01$，* 表示 $p<0.05$。

从模型参数估计来看，除 RSE12 题项的因子负荷略低以外，其余题项的因子负荷均在 0.8 以上，所有 13 个题项都在 0.001 水平上显著，说明观测指标可以有效反映潜在构念，指标信度较好。同样，由于 r 方值是因子负荷的平方，因此除 RSE12 以外的所有题项的 r 方都在 0.5 以上。从收敛效度来看，知识技能效能构念和胜任力效能构念的 CR 值分别为 0.969 和 0.837，均高于 0.6 的标准；AVE 值分别为 0.738 和 0.639，也均高于 0.5 的标准，说明模型具备足够的收敛效度，潜在构念的测量均有良好的内部一致性（见表 3-13）。

表 3-13　科研自我效能（RSE）模型参数估计摘要

潜在构念	观测指标	t 值	r 方	因子负荷	CR 值	AVE 值
知识技能效能	RSE1	—	0.723	0.850	0.969	0.738
	RSE2	34.744***	0.805	0.897		
	RSE3	32.756***	0.756	0.870		
	RSE4	33.087***	0.765	0.874		
	RSE5	34.989***	0.810	0.900		
	RSE6	33.830***	0.783	0.885		

续表

潜在构念	观测指标	t 值	r 方	因子负荷	CR 值	AVE 值
知识技能效能	RSE7	32.248***	0.744	0.862		
	RSE8	31.272***	0.719	0.848		
	RSE9	30.312***	0.694	0.833		
	RSE10	29.231***	0.665	0.816		
	RSE11	28.689***	0.650	0.806		
胜任力效能	RSE12	—	0.347	0.589	0.837	0.639
	RSE13	17.470***	0.668	0.817		
	RSE14	18.706***	0.902	0.950		

说明：*** 表示 $p<0.001$，** 表示 $p<0.01$，* 表示 $p<0.05$。

类似地，构建如图 3-7 所示的由科研知识应用、科研活动推进这两个潜在构念、10 个观测指标组成的科研能力发展模型。

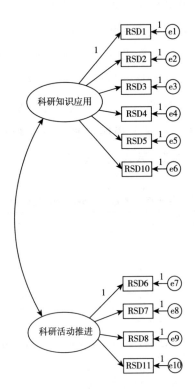

图 3-7 科研能力发展验证性因子分析模型

从模型拟合程度来看，卡方值为 74.192，且在 0.001 水平显著，自由度为 23，卡方与自由度之比为 3.23，符合小于 5 的适配标准。其他 AGFI、RMSEA 等绝对适配指标也均符合标准，NFI、GFI、CFI 等相对适配指标也都高于 0.9。模型的整体拟合程度很好（见表 3-14）。

表 3-14　科研能力发展（RSD）模型拟合情况

	检验指标	结果	适配标准
绝对适配度指标	χ^2	74.192***	
	df	23	
	χ^2/df	3.23	<5
	AGFI	0.956	>0.90
	RMSEA	0.053	<0.08
相对适配度指标	NFI	0.991	>0.90
	GFI	0.982	>0.90
	CFI	0.994	>0.90

说明：*** 表示 $p<0.001$，** 表示 $p<0.01$，* 表示 $p<0.05$。

从模型参数估计来看，全部题项的因子负荷均在 0.7 以上且在 0.001 水平上显著，说明观测指标可以有效反映潜在构念，指标信度很好。同样，全部题项的 r 方值都在 0.5 以上，信度系数很高。从收敛效度来看，科研知识应用构念、科研活动推进构念的 CR 值分别为 0.952 和 0.904，均高于 0.6 的标准；AVE 值分别为 0.768 和 0.702，也都远远高于 0.5 的标准。说明模型的收敛效度很好，潜在构念的测量均有良好的内部一致性，模型内在质量良好（见表 3-15）。

表 3-15　科研能力发展（RSD）模型参数估计摘要

潜在构念	观测指标	t 值	r 方	因子负荷	CR 值	AVE 值
科研知识应用	RSD1	—	0.745	0.863	0.952	0.768
	RSD2	38.243***	0.794	0.891		
	RSD3	36.455***	0.778	0.882		
	RSD4	38.663***	0.843	0.918		
	RSD5	35.332***	0.767	0.876		
	RSD10	31.398***	0.684	0.827		

续表

潜在构念	观测指标	t 值	r 方	因子负荷	CR 值	AVE 值
科研活动推进	RSD6	—	.689	.830	0.904	0.702
	RSD7	32.273***	.695	.834		
	RSD8	35.771***	.868	.931		
	RSD11	24.907***	.558	.747		

说明: *** 表示 $p<0.001$, ** 表示 $p<0.01$, * 表示 $p<0.05$。

3.6 小结

首先,在已有理论和研究的基础之上构建了本书的理论框架,提出了研究假设与模型。为了对假设理论和模型进行实证检验,需要利用问卷调查的方式收集相关数据进行统计分析,为此,本书在参考国内外相关问卷量表的基础上,重新编制了博士生科研体验调查问卷,问卷构成包含科研训练环境、科研自我效能和科研能力发展三个五点量表,以及个人背景特征部分的若干题项。同时,本书也设计了访谈提纲用于对博士生进行访谈研究。

其次,本书在小范围进行了问卷发放,对问卷进行前测和修订,并通过探索性因子分析得出各个量表的因子结构。其中,科研训练环境量表得出 3 个共同因子,即 3 个观测变量,分别命名为科研指导与支持、科研氛围与机会、科研资源与条件;科研自我效能量表包含 2 个观测变量,命名为知识技能效能和胜任力效能;科研能力发展量表包含 2 个观测变量,命名为科研知识应用和科研活动推进。之后,在 10 余所高校面向在学博士生进行了网络问卷发放,共回收问卷 1322 份。考虑到问卷发放时间集中在 9 月,因此选取二年级及以上博士生样本为对象,有效问卷共计 784 份。另外,本书访谈了 12 位博士生,以获取更为丰富的信息资料,对研究结果做出解释。

再次,本书利用正式调查回收的数据对修订后的问卷进行了信度与效度检验。利用 SPSS 软件对克隆巴赫 α 系数这一信度系数进行计算发现，问卷的三个量表的内部一致性非常好，科研训练环境量表、科研自我效能量表和科研能力发展量表的信度系数均远远大于 0.60，分别为 0.967、0.968 和 0.961，可以认为问卷的信度较好。

表 3-16　问卷分量表信度分析

	科研训练环境	科研自我效能	科研能力发展	参考值
克隆巴赫 α 系数	0.967	0.968	0.961	0.60

最后，通过专家咨询的方式对问卷的内容效度进行检验之外，问卷的其他效度指标主要有因子负荷、信度系数、组合信度（CR）、平均方差抽取量（AVE）等，利用 Amos 软件进行验证性因子分析计算发现，以上指标结果均显示出三个量表的因子结构良好，观测指标可以有效反映潜在构念，模型具备足够的收敛效度，潜在构念的测量有着良好的内部一致性。

第 4 章
博士生科研生产力状况
与科研活动认知状况

本章对研究涉及的核心变量，包括博士生科研生产力、对科研训练环境的认知、博士生的科研自我效能、以及目标建构、课题参与、科研时长、科研兴趣等中介变量进行了描述性统计分析，直观展示了博士生的科研生产力与相关因素的基本状况，并进一步分析了这些变量是否存在性别、年级、学科类型、学校类型的差异。

4.1 博士生科研生产力状况

4.1.1 科研能力发展总体描述

通过第 3 章的因子分析，科研能力发展包含两个潜在构念：科研知识应用、和科研活动推进。从总体来看，博士生的科研知识应用的平均值最高，为 4.05，科研活动推进能力发展的平均值为 3.89（见表 4-1）。有接近 80% 的博士生认为自己在学期间，研究方法技术、专业理论知识、学术写作能力、批判分析能力方面有了比较明显的提高，有 70% 左右的博士生认为自己在创新创造能力、项目管理能力、团队合作能力、学术社交网络构建方面有了比较明显的提高（见图 4-1）。

表 4-1　博士生在校期间科研能力发展描述统计 （*n* = 784）

	最小值	最大值	均值	标准差
科研知识应用	1	5	4.05	0.808
科研活动推进	1	5	3.89	0.883

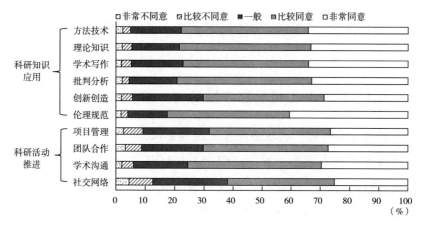

图 4-1　博士生科研能力发展状况

4.1.2　科研能力发展的差异性分析

经过检验，博士生的科研能力发展在性别变量、年级变量、学校类型变量上均不存在显著性差异，唯独学科类型变量上出现了显著性差异。独立样本检验结果显示，学科类型变量在科研知识应用变量的 *t* 值达到 0.01 水平显著，从均值可以看出，人文社科类博士生对自身的科研知识应用评价显著低于理工农医类博士生，这一结果可能与学科的不同研究范式特征有关，有的学科可能具备明确的方法论，或是需要借助有关技术或工具设备来实现研究目的；有的学科的方法论可能相对模糊，或多通过研究者个人的观察与解释来进行研究，需要经年累月的练习与经验积累才能炉火纯青、驾轻就熟。作为科研新手，后者学科的博士生对于科研知识、方法技能的评价很可能低于前者学科的博士生。但通过关联量数计算可知，$\eta^2 = 0.107$，表明学科类型变量可以解释科研知识应用变异度的 10.7%，属于低度关联（见表 4-2）。

表 4-2　不同学科类型博士生的科研能力发展差异分析摘要

检验变量	学科类型	均值	标准差	t 值	η^2
科研知识应用	人文社科	3.70	0.852	-3.070^{**}	0.107
	理工农医	3.93	0.885		

说明：$n=784$，*** 表示 $p<0.001$，** 表示 $p<0.01$，* 表示 $p<0.05$。

4.1.3　科研产出情况总体描述

本书统计的科研产出包括论文发表和会议报告两部分，其中论文发表又包括外文核心期刊（SCI/SSCI/A&HCI/EI 收录）、外文一般期刊、中文核心期刊（CSSCI 收录）、中文一般期刊、会议论文、专著或合著。会议报告又包括国际学术会议（境外召开）、国际学术会议（境内召开）、国内学术会议（校外召开）、国内学术会议（校内召开）。在对博士生的以上所有科研产出活动进行计次加总后分析可知，在论文发表方面，如表 4-3 所示，有 23% 的博士生尚未有论文发表，16.7% 的博士生发表了 1 篇论文，13.5% 的博士生发表了 2 篇论文，19.3% 的博士生发表了 3~4 篇论文，27.6% 的博士生发表了 5 篇或更多论文。如果将发表在外文核心期刊（SCI/SSCI/A&HCI/EI 收录）和 CSSCI 收录的中文核心期刊上的论文视为高水平论文，进一步统计结果表明，36.9% 的博士生没有发表过高水平论文，22.6% 的博士生发表了 1 篇高水平论文，15.9% 的博士生发表了 2 篇高水平论文，12.8% 的博士生发表了 3~4 篇高水平论文，11.9% 的博士生发表了 5 篇或更多高水平论文。被调查的博士生样本中，最多已有博士生发表了 10 篇高水平论文。从这一数据来看，我国博士生取得的高水平论文成果数量总体是非常可观的，但高水平论文意指发表在较高等级期刊的论文，并不意味着论文质量一定过关。事实上，随着近年来陆续曝光的论文造假、集体撤稿等学术不端事件，我们也应该看到数量背后潜藏的质量危机。

表 4-3　博士生在校期间论文发表情况 （$n = 784$）

单位：篇

	均值	标准差	0	1	2	3	4	≥5
论文发表	3.08	3.179	180	131	106	75	76	216
			23.0%	16.7%	13.5%	9.6%	9.7%	27.6%
高水平论文发表	1.62	1.818	289	177	125	58	42	93
			36.9%	22.6%	15.9%	7.4%	5.4%	11.9%

可以看出，博士生在论文发表方面呈现一定程度的两极分化现象，没有发表论文的博士生和发表多篇论文的博士生都占了相当的比重。而且，调查中 3/4 的博士生都已有至少 1 篇论文发表，超过 1/5 的博士生已有 5 篇以上论文发表。这一方面反映了博士生具有强大的科研生产力，另一方面也与培养单位大多将论文发表作为毕业要求纳入制度性规定有关。如表 4-4 中的调查结果显示，近 20% 的博士生所在培养单位要求毕业前至少发表 1 篇论文，一半以上的博士生所在培养单位要求毕业前至少发表 2 篇论文，12.8% 的博士生所在培养单位要求毕业前至少发表 3 篇论文，另有约 12% 的博士生所在培养单位规定的论文发表篇数在 4 篇或以上。本书第 6 章将对博士生论文发表作为学位授予前置条件的有关思考做进一步讨论。

表 4-4　博士生所在高校要求毕业前论文发表情况

	0 篇	1 篇	2 篇	3 篇	4 篇	≥5 篇	合计
样本数（人）	6	153	430	100	80	15	784
比例（%）	0.8	19.5	54.8	12.8	10.2	1.9	100.0

对此，近 1/3 的博士生认为关于发表论文的毕业要求难度偏高，近 2/3 的博士生则认为难度适中；类似地，1/3 以上的博士生认为发表论文的毕业要求对自身科研水平提高的帮助不大或基本没帮助，近 2/3 的博士生则认为对自身科研水平提高比较有帮助或非常有帮助（见图 4-2、图 4-3）。

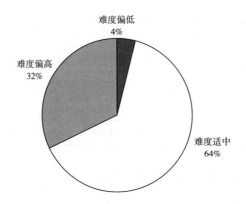

图 4-2 博士生对所在高校发表论文毕业要求的态度

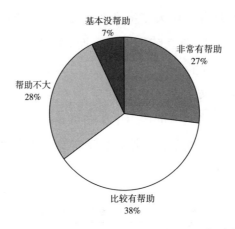

图 4-3 博士生认为发表论文要求对科研水平提升的效果

　　在学术会议报告方面，一半以上的博士生（56.0%）尚未在学术会议上报告过研究成果，13.5%的博士生曾在境外召开的国际学术会议上做过口头报告，20.7%的博士生在境内召开的国际学术会议上做过口头报告，28.6%的博士生在校外召开的国内学术会议上做过口头报告，24.6%的博士生在校内召开的国内学术会议上做过口头报告（见表4-5）。

表 4-5　博士生在校期间学术会议报告情况（N=784）

	样本数（篇）	比例（%）
没报告过	439	56.0
国际学术会议（境外召开）	106	13.5
国际学术会议（境内召开）	162	20.7
国内学术会议（校外召开）	224	28.6
国内学术会议（校内召开）	193	24.6

4.1.4　科研产出的差异性分析

（1）年级的差异性分析

方差分析的 F 检验达到了显著性水平，表明博士生的论文发表存在显著的年级差异。由于方差齐性检验表明样本方差不具有同质性，需采用 Tamhane' T2 检验法进行事后比较。结果表明，博士生的论文发表基本呈现随年级增高而数量增加的趋势，具体来说，三年级、四年级、五年级或以上博士生的论文发表数量显著高于二年级博士生，五年级或以上博士生的论文发表数量显著高于三年级博士生。在高水平论文发表方面同样存在显著的年级差异，且呈现完整的随年级增高，高水平论文发表也显著增加的趋势（见表 4-6）。

表 4-6　不同年级博士生的论文发表差异分析摘要

检验变量	年级	均值	标准差	F 检验	事后比较
论文发表	二年级（A）	2.28	2.805	17.176***	B>A, C>A, D>A, D>B
	三年级（B）	3.28	3.271		
	四年级（C）	3.70	3.049		
	五年级或以上（D）	4.78	3.581		
高水平论文发表	二年级（A）	1.06	1.515	27.059***	B>A, C>A, C>B, D>A, D>B, D>C
	三年级（B）	1.72	1.834		
	四年级（C）	2.11	1.774		
	五年级或以上（D）	2.79	2.134		

说明：$n=784$，*** 表示 $p<0.001$，** 表示 $p<0.01$，* 表示 $p<0.05$。

将博士生参与并在学术会议上做口头报告的情况按每参与过一类会议按 1 分计的方式计分后，可以得到博士生会议报告的得分。对其进行方差分析后发现，F 值同样达到了显著水平（$F = 21.269$，$p < 0.001$），且通过了方差同质性检验。事后比较可知，四、五年级或以上的博士生的会议报告得分显著高于二、三年级博士生（见表 4-7）。

表 4-7　不同年级博士生的会议报告差异分析摘要

检验变量	年级	均值	标准差	F 检验	事后比较
会议报告	二年级（A）	1.68	0.820	21.269***	C>A, C>B, D>A, D>B, D>C
	三年级（B）	1.79	0.936		
	四年级（C）	2.14	1.075		
	五年级或以上（D）	2.53	1.181		

说明：$n = 784$，*** 表示 $p < 0.001$，** 表示 $p < 0.01$，* 表示 $p < 0.05$。

（2）学科类型的差异性分析

由表 4-8 结果可知，论文发表检验变量在学科类型变量上的 t 检验值达到了 0.05 水平显著，人文社科类博士生的论文发表篇数显著高于理工农医类博士生，但关联量数（$\eta^2 = 0.082$）表明学科类型变量能够解释的变异量仅为 8.2%，属于低度关联。但在高水平论文发表方面，人文社科类博士生的平均发表篇数低于理工农医类博士生，但不存在显著的学科差异（t 检验值未达到统计学意义上的显著水平）。

表 4-8　不同学科类型博士生的论文发表差异分析摘要

检验变量	学科类型	均值	标准差	t 值	η^2
论文发表	人文社科	3.59	3.613	2.072*	0.082
	理工农医	2.95	3.043		
高水平论文发表	人文社科	1.49	1.842	-1.016	—
	理工农医	1.65	1.811		

说明：$n = 784$，*** 表示 $p < 0.001$，** 表示 $p < 0.01$，* 表示 $p < 0.05$。

会议报告检验变量同样存在显著的学科类型差异。人文社科博士生的会议报告得分显著高于理工农医类博士生，关联量数 $\eta^2 = 0.176$，表明学科类型变量可以解释这种差异的 17.6%（见表 4-9）。

表 4-9　不同学科类型博士生的会议报告差异分析摘要

检验变量	学科类型	均值	标准差	t 值	η^2
会议报告	人文社科	2.21	0.917	5.170***	0.176
	理工农医	1.79	0.975		

说明：$n = 784$，*** 表示 $p<0.001$，** 表示 $p<0.01$，* 表示 $p<0.05$。

（3）学校类型的差异性分析

表 4-10 中的结果显示，论文发表检验变量在不同学校类型变量上不存在显著性差异，但高水平论文发表变量则在学校类型变量上达到了显著性水平。由事后比较可知，原"985 工程"高校、原"211 工程"高校博士生发表的高水平论文得分要显著高于其他高校博士生。

表 4-10　不同学校类型博士生的论文发表差异分析摘要

检验变量	学校类型	均值	标准差	F 检验	事后比较
论文发表	原"985 工程"高校（A）	3.01	3.178	2.380	—
	原"211 工程"高校（B）	3.76	3.268		
	其他高校（C）	2.87	3.002		
高水平论文发表	原"985 工程"高校（A）	3.69	1.858	6.803***	A>C，B>C
	原"211 工程"高校（B）	3.71	1.841		
	其他高校（C）	2.86	1.146		

说明：$n = 784$，*** 表示 $p<0.001$，** 表示 $p<0.01$，* 表示 $p<0.05$。

会议报告检验变量也存在显著的学校类型差异。由表 4-11 中的事后比较可知，原"985 工程"高校、原"211 工程"高校博士生的会议报告得分要显著高于其他高校博士生。联系表 4-10 中的检验结果，可以初步得知，比起其他高校博士生，原"985 工程"高校、"211 工程"高校博士生的科研产出明显更高一些。

表 4-11　不同学校类型的博士生的会议报告差异分析摘要

检验变量	学校类型	均值	标准差	F 检验	事后比较
会议报告	原"985 工程"高校（A）	1.89	1.007	4.348*	A>C, B>C
	原"211 工程"高校（B）	1.98	0.917		
	其他高校（C）	1.56	0.694		

说明：$n = 784$，*** 表示 $p < 0.001$，** 表示 $p < 0.01$，* 表示 $p < 0.05$。

4.1.5　博士生科研能力发展与科研产出的相关分析

通过对文献中有关科研生产力的测量态度进行梳理，发现存在主张以科研知识技能应用程度等指标进行偏主观性测量，以及倾向直接采用出版物等指标进行客观性测量的两种观点。因此，在界定了博士生科研生产力内涵之后，本书决定采用两种手段对博士生的科研生产力进行测量，由此产生了模型一和模型二。在这里，本书进一步对这两种测量手段的指标变量——科研能力发展和科研产出的相关性进行分析。因为科研能力发展变量是潜变量，科研产出也是由论文发表和会议报告两个观测变量构成的，所以用 Amos 软件对这种多级变量结构进行相关系数的计算。

首先，在 Amos 软件中，构建了科研能力发展变量和科研产出变量构成的模型图（见图 4-4）。由表 4-12 中报告的模型拟合情况可知，执行运算后，该模型各项适配指标都符合标准，模型拟合良好。由于在执行计算前勾选了相关系数选项，因此可以直接在输出结果中看到相关系数科研能力发展与科研产出的相关系数估计值为 0.135，在 0.01 水平显著，表示博士生科研能力发展水平与科研产出存在显著的正相关。进一步对照相关系数临界表查询结果发现，自由度在 700、p 值 0.01 水平时，相关系数的临界值为 0.097，本研究在自由度为 737 的情况下，相关系数 0.135 大于该临界值，因此确定可以认为科研能力发展与科研产出是显著相关关系（见表 4-13）。

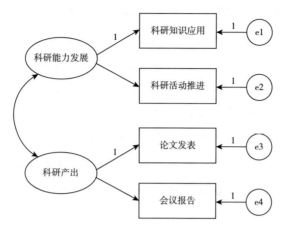

图 4-4　科研能力发展与科研产出相关性检验模型

表 4-12　模型拟合情况

	检验指标	结果	适配标准
绝对适配度指标	χ^2	4.287*	
	df	1	
	χ^2/df	4.29	<5
	AGFI	0.973	>0.90
	RMSEA	0.065	<0.08
相对适配度指标	NFI	0.996	>0.90
	GFI	0.997	>0.90
	CFI	0.997	>0.90

说明：*** 表示 $p<0.001$，** 表示 $p<0.01$，* 表示 $p<0.05$。

表 4-13　科研能力与科研产出相关系数估计值

	估计值	p 值	自由度
科研能力发展↔科研产出	0.135	0.003	737

　　虽然相关分析结果表明，博士生的科研能力发展与科研产出显著相关，但二者的关联强度是比较弱的。在对博士生科研生产力进行测量时，科研能力发展变量试图收集博士生经过科研训练收获的知识和技能的发展程度来评估他们的科研生产力，包括理论知识、工具技术、学术

写作、批判分析、创新创造、学术伦理等科研知识应用，也包括项目管理、团队合作、学术沟通、学术网络等科研活动推进。从现实情况来看，以上这些科研活动中的知识和技能发展和发表论文、在会议上报告研究成果等科研产出的确有所关联，这也是相关分析结果所支持的，但同时，必须承认的是两者从概念内涵到实测理念都有很大区别，前者是对一种综合组织能力的衡量，后者是对结果产物的测算，很难从根本上判断它们孰优孰劣，因此，本研究分别提供了这两种思路来测量博士生的科研生产力，今后其他关于这一问题的研究可以根据实际需要选择其中更适合的手段。

4.2　博士生对科研训练环境的认知状况

4.2.1　科研训练环境的总体认知描述

从对科研训练环境的评价来看，如表 4-14 所示，博士生对科研资源与条件维度的满意度相对较高，平均值为 4.00；科研指导与支持维度，满意度的平均值为 3.89；科研氛围与机会维度的满意度平均值相对较低，仅为 3.30。

表 4-14　科研训练环境描述统计 （N = 784）

	最小值	最大值	平均值	标准差
科研资源与条件	1	5	4.00	0.890
科研氛围与机会	1	5	3.30	0.943
科研指导与支持	1	5	3.89	1.030

博士生对科研训练环境感知的具体结果在图 4-5 中有直观体现。科研资源与条件方面，80%左右的博士生认为自己有着合适的科研场所，能获得比较充足的科研设备与文献资料。说明经过近年来高等教育特别是研究生教育经费投入力度的持续加大，为学校的硬件条件带来了很大改善。尤其是随着信息网络技术的发展，极大地方便了博士生利用

互联网渠道获取国内外文献资源。但在科研氛围与机会方面，有 28.5%
博士生表示自己所在专业没有比较好的研讨课程，36% 的博士生认为自
己没有机会加入跨学科团队进行必要的研究，30% 的博士生表示自己没
有机会赴海外进行研究学习，43.2% 的博士生表示自己没有机会申请科
研项目以获得经费支持。而跨学科研究、赴海外研究、以及申请小规模
科研项目对于博士生拓宽研究视野、多元文化适应、开拓创新能力乃至
帮助其了解职业发展前景等均有非常重要的作用。培养单位还需要进一
步加大投入力度，在培养过程中逐渐丰富和建立博士生科研交流、实验
室轮转等制度，为博士生提供与专业内外、学术界内外、海内外的科研
工作者、业界专家交流学习的机会和条件。

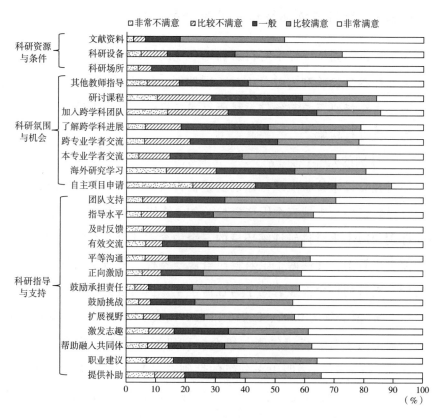

图 4-5　博士生对科研训练环境的认知状况

科研指导与支持方面，75%左右的博士生认为导师能够帮助自己扩展的学术视野，鼓励自己开展具有挑战性的科研任务并在科研活动中承担一定责任。但同时，只有62%左右的博士生认为导师为自己提供了有用的职业发展规划的建议、提供了足够的科研补助。近年来，有关导学关系的研究急速增长，博士生与导师之间的"相爱相杀"、互相"吐槽"现象屡见不鲜，严重时甚至会爆发明显冲突和恶性事件。良性导学关系正逐渐被日益泛滥的工具理性侵蚀（王燕华，2018），导学关系困扰、导学关系异化（梁社红等，2018）成为阻碍博士生与导师双方正常工作生活的"拦路虎"，构建和谐的导学关系已成为当下研究生教育的一大紧要任务。

4.2.2　科研训练环境认知的差异性分析

为了分析不同特征样本对科研训练环境的认知是否存在差异，本书利用独立样本 T 检验和方差分析对不同性别、年级、学科类型、学校类型的博士生对科研资源与条件、科研氛围与机会、科研指导与支持三个构念的评价进行检验。

（1）性别的差异性分析

通过独立样本检验发现，性别变量在科研资源与条件、科研氛围与机会、科研指导与支持三个因变量检验的 t 值均达显著水平，也就是说不同性别的博士生对科研训练环境的三个构念的评价存在显著差异，且从均值可以看出，女性博士生对科研资源与条件、科研氛围与机会、科研指导与支持的评价都显著高于男性博士生。但通过关联量数的计算可知，三个 η^2 值分别为 0.02、0.016 和 0.008，说明性别变量只能分别解释科研资源与条件、科研氛围与机会、科研指导与支持总体变异量的2%、1.6%和0.8%，表明用来分组的性别变量与三个检验变量间只有低度关联强度，即女性博士生对科研训练环境各个构念的评价在统计意义上显著高于男性博士生，但性别因素对于这种评价差异的解释力度很低（见表4-15）。

表 4-15　不同性别博士生的科研训练环境评价差异分析摘要

检验变量	性别	均值	标准差	t 值	η^2
科研资源与条件	男	3.92	0.966	-2.495**	0.020
	女	4.09	0.778		
科研氛围与机会	男	3.19	0.994	-3.568***	0.016
	女	3.43	0.860		
科研指导与支持	男	3.76	1.105	-4.098***	0.008
	女	4.05	0.904		

说明：$n = 784$，*** 表示 $p < 0.001$，** 表示 $p < 0.01$，* 表示 $p < 0.05$。

（2）年级的差异性分析

首先，三个检验变量的方差同质性检验结果表明，Levene 统计量均未达到 0.05 的显著水平，应接受虚无假设，即样本的方差差异均不显著，没有违反方差同质性的假定，不需要进行进一步的数据转换处理。在方差分析中，只有科研资源与条件的 F 检验达到了显著水平（F = 3.776，$p < 0.01$），表示不同年级的博士生对科研资源与条件的评价具有显著差异，进一步利用 LSD 法做事后比较可以发现，二年级博士生与其他年级博士生的差异均达到显著，二年级博士生对科研资源与条件的评价显著高于其他各个年级博士生（见表 4-16）。

表 4-16　不同年级的博士生的科研训练环境评价差异分析摘要

检验变量	年级	均值	标准差	F 检验	事后比较
科研资源与条件	二年级（A）	3.95	1.031	3.776**	A>B，A>C，A>D
	三年级（B）	3.83	1.030		
	四年级（C）	3.92	1.053		
	五年级或以上（D）	3.78	1.030		

说明：$n = 784$，*** 表示 $p < 0.001$，** 表示 $p < 0.01$，* 表示 $p < 0.05$。

（3）学科类型的差异性分析

在科研训练环境的三个构念中，只有科研资源与条件检验变量在学科类型变量上达到了 0.001 水平显著，从平均值可以看出，人文社科类博士生对科研资源与条件的评价显著低于理工农医类博士生。具体来说，人文社科博士生对科研场所、科研设备、文献资料等图书馆资源的评价都显著低于理工农医类博士生。这一定程度上反映了资源条件在学科分配方面存在的问题。尤其在科研场所方面，理工农医类博士生通常可以在院系或实验室拥有"工位"，而人文社科博士生则可能缺少这样的学习空间。在今后的学科建设中，需要考虑到为人文社科博士生提供合适的学习研究空间（见表4-17）。

表4-17　不同学科类型博士生的科研训练环境评价差异分析摘要

检验变量	学科类型	均值	标准差	t 值	η^2
科研资源与条件	人文社科	3.69	0.986	5.073***	0.179
	理工农医	4.08	0.844		

说明：$n=784$，*** 表示 $p<0.001$，** 表示 $p<0.01$，* 表示 $p<0.05$。

（4）学校类型的差异性分析

三个检验变量均通过了方差同质性检验。在方差分析中，科研氛围与机会和科研指导与支持两个检验变量的 F 检验值均达到了显著水平，说明不同类型高校的博士生科研氛围与机会和科研指导与支持的评价存在显著差异，可以进行事后比较。结果表明，在科研氛围与机会方面，原"985工程"高校博士生的评价显著低于其他高校博士生；在科研指导与支持方面，原"985工程"高校和原"211工程"高校博士生的评价都显著低于其他高校博士生（见表4-18）。

表4-18　不同学校类型博士生的科研训练环境评价差异分析摘要

检验变量	学校类型	均值	标准差	F 检验	事后比较
科研氛围与机会	原"985工程"高校（A）	3.27	0.954	3.789*	C>A
	原"211工程"高校（B）	3.31	0.865		
	其他高校（C）	3.59	0.899		
科研指导与支持	原"985工程"高校（A）	3.85	1.039	6.542**	C>A, C>B
	原"211工程"高校（B）	3.86	1.070		
	其他高校（C）	4.31	0.786		

说明：$n=784$，*** 表示 $p<0.001$，** 表示 $p<0.01$，* 表示 $p<0.05$。

4.3　博士生科研自我效能状况

4.3.1　博士生科研自我效能总体描述

通过图 4-6 博士生科研自我效能认知状况显示，知识技能效能的平均值为 3.76，总体胜任力效能的平均值为 3.95。其中，博士生对遵守学术伦理规范的效能感最高，约 85% 的博士生都对自己在科研中遵守伦理规范感到自信。博士生效能感最低的是"排除干扰专心研究"，对这一项感到有信心的博士生不足 60%，对团队合作开展研究持有信心的博士生也仅有 61% 的比例。对其余各个题项表示有信心的博士生的比例普遍在 60%~70%，博士生的科研自我效能并不算高（见表 4-19）。

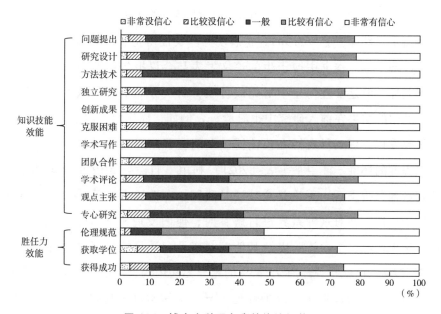

图 4-6　博士生科研自我效能认知状况

表 4-19   科研自我效能描述统计 （ $n=784$ ）

	最小值	最大值	均值	标准差
知识技能效能	1	5	3.76	0.824
胜任力效能	1	5	3.95	0.854

4.3.2   科研自我效能状况的差异性分析

（1）性别的差异性分析

由表 4-20 的结果可知，性别变量在知识技能效能变量的 t 检验值达到了显著水平，且女性博士生知识技能效能感均值更低，说明女性博士生的知识技能效能感显著低于男性博士生。但性别变量可以解释的总变异量仅为 0.009，同样属于低关联强度。需要注意的是，这仅仅意味着女性博士生对自身科研知识技能的信心程度显著低于男性博士生，事实上，对不同性别的博士生的科研能力发展差异分析结果显示，尽管并未达到统计学意义上的显著水平，女性博士生的科研能力发展均值（4.00）甚至要高于男性博士生（3.90），这表明并非女性博士生的科研知识技能逊于男性博士生。本书中博士生的论文发表与会议报告也并不存在显著的性别差异，但是女性博士生对完成各项科研任务的信心会低于男性博士生。类似的结果在前人研究中也有验证，例如，周川淇和张莉莉（2020）的研究发现，理工科女性在攻读博士期间会普遍对自我的科研能力产生一定程度的怀疑。汪卫平等人（2021）利用《自然》2019 年全球博士生调查数据分析发现，无论是全球还是我国，女性博士生读博的满意度显著低于男性。在对这种差异进行解释时，他们发现，学术交流、师生互动、学术环境、学术体验以及其他控制变量合计只能解释这种性别差异的 27.57%，也就是说还有 72.43% 的差异无法用调查中涉及的诸多变量解释，而在中国的数据中，这种性比差异中无法解释的比例高达 88.16%，对此的解释是这种性别差异可能更多来自由学术领域性别社会化带来的系统性歧视或排斥。外部社会支持的弱化、对于女性的社会期待与刻板印象等经常会增加女性博士生的科研压力（孙卉、张田，2020），基于

"男性气质"建立的学术制度是造成女性博士生在学术场域的弱势地位进而削弱其学术体验的根源矛盾之一（Katila and Meriläinen，1999）。

表 4-20　不同性别的博士生的科研自我效能认知差异分析摘要

检验变量	性别	均值	标准差	t 值	η^2
知识技能效能	男	3.83	0.827	2.728 **	0.009
	女	3.67	0.812		

说明：$n = 784$，*** 表示 $p < 0.001$，** 表示 $p < 0.01$，* 表示 $p < 0.05$。

如今，我国女性博士生的比例越来越高。1997 年我国女性博士生在校生数为 7394 人，占全国在校博士生数的 18.52%；经过 20 多年的发展，2020 年女性博士在校生数达到了 195361 人，占总体在校生数比例也攀升到 41.87%（见图 4-7）。这一方面彰显了我国两性平等事业取得了很大进展，另一方面也警示我们，与随着女性博士生群体在学术界的规模不断增加、逐渐占据半壁江山相对的是，女性博士生的学术经历与体验却显著低于男性，并且这种局势还会延伸到毕业后进入学术职业（汪卫平等，2021）。社会性别是一个复杂的议题，摒弃由社会性别角色规范引发的偏见与禁锢须久久为功，在知识与人才最为密集的高校中，非常有必要率先关注学术界的性别差异议题。

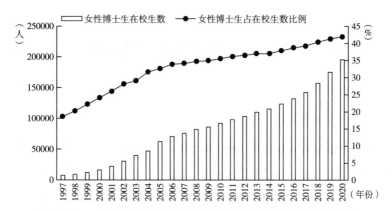

图 4-7　1997~2020 年我国女性博士生在校生数及占总体比例

资料来源：数据整理自教育部网站 1997~2020 年间教育统计数据，http：//www.moe.gov.cn/jyb_sjzl/moe_560/2020/.

（2）学科类型的差异性分析

学科类型变量在知识技能效能检验变量上的 t 值达到了 0.01 水平显著，两个变量的关联系数为 0.088，属低度关联，人文社科类博士生的知识技能效能显著低于理工农医类博士生（见表 4-21）。产生这一结果的原因可能与不同学科之间的研究范式有关。自我效能感最主要的建构来源是亲历的动作性掌握经验，由于理工农医类学科专业较多地通过实验等活动开展科研工作，这种通过亲自动手所获得的经验最具有说服力，即时性的实验反馈结果能够使博士生对自身能力水平有最直接可靠的认识；而人文社科类博士生相对更多依靠文献与思辨来开展研究，需要更长期的积淀才能产出成果反馈，因此对于自身的能力水平可能会存在认知不足的情况。当然，随着各个学科研究范式的不断发展和跨学科团队作业的逐渐增加，人文社科类专业也越来越多地凭借社会调研、实验等密切接触实践和需要亲自体验或动手的科研活动。

表 4-21　不同学科类型的博士生的科研自我效能认知差异分析摘要

检验变量	学科类型	均值	标准差	t 值	η^2
知识技能效能	人文社科	3.62	0.739	2.680**	0.088
	理工农医	3.80	0.842		

说明：$n=784$，*** 表示 $p<0.001$，** 表示 $p<0.01$，* 表示 $p<0.05$。

4.4　中介变量状况描述分析

4.4.1　目标建构

目标建构维度收集的是博士生对获取学位、当下研究课题和未来职业方向等目标的认知清晰度情况。总体来看，博士生对目标清晰度的平均值为 3.88。其中，博士生对获取学位的目标清晰度最高：约 82% 的博士生对毕业论文标准感到比较清晰，73.6% 的博士生对获取学位的程序比较清楚。另外，68% 的博士生对当前从事的研究方向比较清楚，

64.1%的博士生认为其专业培养目标与个人发展目标一致。但对未来职业发展方向感到比较清晰的博士生仅有 56.7%。这一结果凸显了被调查博士生对于未来长期目标的明确程度远远低于当下短期目标，且存在着专业培养目标与个人目标匹配度不足的情况（见表 4-22、图 4-8）。

表 4-22 博士生目标建构认知状况 （ *n* = 784）

	最小值	最大值	均值	标准差
目标建构	1	5	3.88	0.849

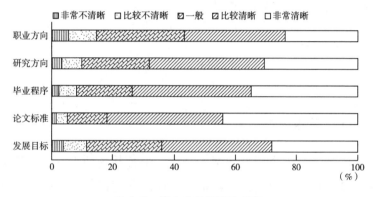

图 4-8 博士生目标建构状况

4.4.2 科研兴趣

博士生在科研兴趣维度的总体平均值为 3.79。其中，64%的博士生对从事科研活动感到有兴趣，63.9%的博士生对当前从事的研究课题感到有兴趣，67.2%的博士生对未来从事科研相关职业感到有兴趣。这直观体现了博士生对于科研的兴趣还比较有限，但也从另一角度反映了博士生未来发展的多元化可能（见表 4-23、图 4-9）。

表 4-23　博士生科研兴趣状况统计 （ *n* = 784 ）

	最小值	最大值	均值	标准差
科研兴趣	1	5	3.79	0.949

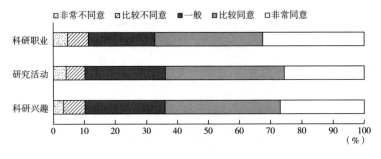

图 4-9　博士生科研兴趣状况

4.4.3　课题参与

科学研究是博士生培养的基本路径，也是其区别于本科生甚至硕士生的一个显著特征，尤其是一些重大、前沿课题研究本身就应该承载着培养新一代科学研究者的使命。但受时间和精力限制，博士生也并非是参与课题越多越好，否则会导致多而不精、泛而不深的结果，从而对科学研究的本质难以把握，甚至会导致博士生对科学研究失去应有的严肃态度和敬畏之心（袁本涛、李莞荷，2017）。因此，适度的科学研究是培养博士生的重要基础。

本书统计了博士生参与各级各类研究课题（国家级、省部级、市级、校级、横向委托、国际合作）的情况，结果发现，有 13.9% 的博士生尚未参与过课题，20.7% 的博士生参与了 1 项课题，18.6% 的博士生参与了 2 项课题，15.1% 的博士生参与了 3 项课题，9.1% 的博士生参与了 4 项课题，22.7% 的博士生参与了 5 项甚至更多课题。如果将国家级课题、省部级课题和国际合作课题视为重点课题进一步统计可知，近 1/5 的博士生没有参与过重点课题项目，27.4% 的博士生参与了 1

项重点课题，25.4% 的博士生参与了 2 项重点课题，21.3% 的博士生参与了 3~4 项重点课题，参与 5 项甚至更多重点课题的博士生占 6.6%。可见，博士生在课题参与数量方面也呈现一定的两极化的现象，这在博士生群体乃至整个学界被戏称为"旱的旱死，涝的涝死"。这一现象提醒我们，对于那些缺乏必要研究课题的机构和导师应该根据学科性质适度限制其博士生培养的规模；对于那些滥用博士生作为研究"苦力"的机构和导师则应严格监督，以避免造成博士生"学艺不精"甚至因过多参与课题项目而耽误学位论文进展进而延期毕业，甚至因为部分导师的过度"压榨"行为引发严重的导学矛盾。

表 4-24　博士生课题参与状况统计（$n=784$）

单位：项

	均值	标准差	0	1	2	3	4	≥5
课题参与	3.09	3.028	109	162	146	118	71	178
			13.9%	20.7%	18.6%	15.1%	9.1%	22.7%
重点课题参与	1.91	1.680	151	215	199	107	60	52
			19.3%	27.4%	25.4%	13.6%	7.7%	6.6%

4.4.4　科研时长

调查中还询问了博士生每周用于科研活动（如搜集阅读文献、调研、实验、组会、写作、学术讨论等）的平均时长。除去两个极端值，结果发现，每周科研时长在 20 小时以下的博士生约为 10.1%；每周投入 20~40 小时在科研活动中的博士生比例约为 17%；每周投入 40~60 小时在科研活动中的博士生比例最高，约为 38.4%；每周投入 60~80 小时在科研活动中的博士生比例也达到了 27.4%；甚至有 7% 左右的博士生每周投入 80 小时以上在科研活动中（见表 4-25）。

表 4-25 博士生每周科研时长统计 （ *n* = 782 ）

科研时长 （小时）	频数	比例 （%）
20 以下 （不含 20）	79	10.1
20~40 （大于或等于 20，小于 40）	133	17.0
40~60 （大于或等于 40，小于 60）	300	38.4
60~80 （大于或等于 60，小于 80）	214	27.4
80 以上 （含 80）	56	7.1

4.5 小结

本章围绕博士生科研生产力状况和博士生对科研训练环境、科研自我效能评价与认知，以及博士生的目标建构、科研兴趣、课题参与、科研时长等情况进行了描述分析和差异性分析。总体来看，博士生对科研设备、文献资料、导师的指导能力水平等的评价比较高。博士生对自身的胜任力效能、科研知识应用的认知程度也都比较高。但是，博士生对科研氛围与机会的评价相对较低，特别是在跨学科交流或合作、海外学习、自主申请项目方面能够获得的机会还比较欠缺。博士生对团队合作等科研能力的信心较低，自我报告的管理沟通能力也相对较低。另外，博士生的论文发表呈现比较明显的两极分化趋势。

表 4-26 对本章中的差异性分析结果进行了汇总 （"○"表示存在统计学意义上的显著差异）。差异性分析发现，博士生的科研产出有着显著的年级差异，高年级博士生的论文发表和会议报告显著高于低年级博士生；博士生的科研产出有着显著的学校类型差异，原"985 工程"、原"211 工程"高校博士生的高水平论文发表和会议报告显著高于其他高校博士生；博士生的科研产出在不同学科类型间也有着显著差异。另外，虽然博士生的科研能力发展和科研产出都没有显著的性别差异，但女性博士生的知识技能效能显著低于男性博士生。还有，原"985 工程"、原"211 工程"高校博士生对科研氛围与机会的评价显著低于其

他高校博士生，原"985 工程"高校博士生对科研指导与支持的评价也显著低于其他高校博士生。对此可能的解释是，有可能被调查的其他高校确实在科研氛围和提供的科研机会等方面更胜一筹，也有可能是原"985 工程"、原"211 工程"高校博士生对科研训练环境的需求和期待更高，从而导致对现实环境的评价下降所致。

表 4-26　博士生科研生产力与科研活动认知的差异性分析结果汇总

	检验变量	性别	年级	学科类型	学校类型
科研训练环境	科研资源与条件	○	○	○	
	科研氛围与机会	○			○
	科研指导与支持	○			○
科研自我效能	知识技能效能	○		○	
	胜任力效能				
科研能力发展	科研知识应用			○	
	科研活动推进				
科研产出	论文发表		○	○	
	高水平论文发表		○		○
	会议报告		○	○	○

第5章
博士生科研生产力发展路径分析

本章利用结构方程模型分析的方法对第 3 章中提出的研究假设和理论模型进行检验，探究科研训练环境、科研自我效能对博士生科研生产力的影响路径和影响效应，以及科研生产力和科研自我效能之间是否呈现相互影响的关系，同时检验了课题参与等变量的影响作用，从而进一步完善了第 3 章中的理论框架。由于本书对博士生科研生产力采取了自我报告的科研能力发展和科研产出两种测量手段，因此分别建立了模型一和模型二来分别进行检验，并结合班杜拉的社会认知理论与自我效能理论内容，以及本研究在访谈中获取的资料，对模型检验的结果做出了解释。另外，本章还通过多群组结构方程模型分析，检验了本书的理论模型是否适用于不同学科背景、不同年级的博士生群体。

5.1 模型一的修正与检验：博士生科研能力
发展的结构方程模型分析

5.1.1 初始模型

根据第 3 章中提出的假设和理论模型，本章首先构建了模型一的博士生科研能力发展的初始模型。其中，作为外生潜变量的科研训练环境有三个观测变量，分别是科研资源与条件、科研氛围与机会、科研指导与支持；内生潜变量科研自我效能有两个观测变量，分别是知识技能效能和胜任力效能；同样作为内生潜变量的科研能力发展是模型一关注的重点，其观测变量分别是科研知识应用和科研活动推进。另有四个内生显性变量：目标建构、课题参与、科研时长和科研兴趣，这四个显性变量只分别对应一个观测变量，因此用方形表示；而科研训练环境、科研自我效能和科研能力发展是带有多个观测变量的潜在变量，因此用椭圆表示。这样一种包含了椭圆形状的潜变量和方块形状的显变量的模型被称为混合模型的路径分析。而且模型一中的科研自我效能和科研能力发展两个内生变量的因果关系并非单向，而是互为因果，因此是一种非递归模型，所以模型一整体是一种混合的非递归模型。另外以 e1，e2，……为标记的代表误差方差项。科研训练环境、科研自我效能、科研能力发展的 7 个观测变量和目标建构、科研兴趣 2 个观测变量均由调查的五点量表的相应题项得分加总求均值得出，课题参与观测变量由调查得到的课题参与总数聚为五类后，按由少到多赋予 1~5 的值。模型一的初始模型如图 5-1 所示。

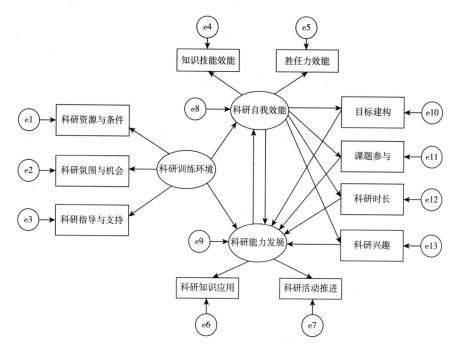

图 5-1 博士生科研能力发展初始模型

5.1.2 模型修正与检验结果

在利用结构方程模型分析时，如果假设模型的适配度不佳，意味着必须对模型加以修正。修正方法包括删除未达到显著水平的影响路径或不合理的影响路径，或者参考 M. I. 修正指数（Modification Indices）来进行判断（吴明隆，2009）。对模型一执行运算后，由于模型是过度识别模型，因此可以识别和收敛。但假设中的"目标建构→科研能力发展""科研时长→科研能力发展""科研兴趣—科研能力发展"这三条路径未达到显著性水平，由于本书探讨的是对科研能力发展产生影响的因素和路径，因此逐个删去了目标建构、科研时长、科研兴趣这三个变量的影响路径。再次执行运算后，模型收敛程度较好，但整体适配度卡方值与自由度比值略大。参照报表中的修正指数（M. I.）先后增列误差变量 e2 与 e4、e2 与 e6 两组共变关系。因为在现实环境中，博士生所处环境科研氛围和可获得的科研学习交流机会确实可能影响博士生对科研知识技能的信心程度，也可能会影响博士生知识能力的发展程度。

对模型一的修正模型（见图 5-2）执行运算后的拟合结果显示，模型一的卡方值为 21.49，自由度为 14，卡方与自由度比值为 1.54，远远小于临界标准，并且 AGFI 值 0.982、RMSEA 值 0.026，也都非常符合适配标准。其余相对适配指标 NFI＝0.995，GFI＝0.993，CFI＝0.998 均远远高于适配标准 0.9，且非常接近于 1，因此模型通过了验证且整体拟合程度很好（见表 5-1）。下文中提到的模型一均指修正后的模型。

表 5-1 博士生科研能力发展修正模型拟合情况

	检验指标	结果	适配标准
绝对适配度指标	χ^2	21.49***	
	df	14	
	χ^2/df	1.54	<5
	AGFI	0.982	>0.90
	RMSEA	0.026	<0.08

续表

	检验指标	结果	适配标准
相对适配度指标	NFI	0.995	>0.90
	GFI	0.993	>0.90
	CFI	0.998	>0.90

说明：*** 表示 $p<0.001$，** 表示 $p<0.01$，* 表示 $p<0.05$。

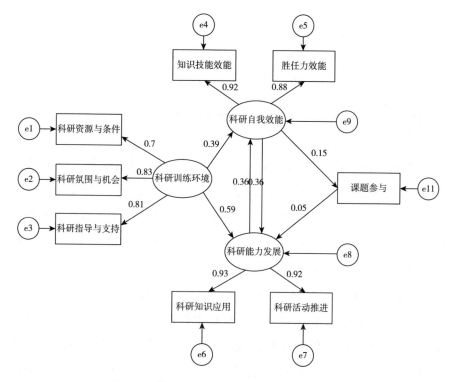

图 5-2　博士生科研能力发展修正模型及结果

　　模型一的结构方程模型分析结果显示，利用极大似然法估计的 6 个直接效果的路径系数均达到显著水平。表 5-2 中列出了 6 个路径系数的标准化系数值，可以看出，科研训练环境对科研自我效能有着显著正向影响，直接影响效应为 0.388；科研训练环境对科研能力发展有显著正向影响，直接影响效应为 0.586；科研自我效能对科研能力发展有着显著正向影响，直接影响效应为 0.362；科研能力发展反过来对科研自我效能也有显著正向影响，直接影响效应为 0.356；科研自我效能对课题参与有显著正向影响，直接影响效应为 0.145；课题参与对科研能力发展有显著正向影响，但影响效应比较微弱，为 0.051。

表 5-2　博士生科研能力发展模型标准化路径系数估计值

变量关系	路径系数	t 值
科研训练环境→科研自我效能	0.388	9.023 ***
科研训练环境→科研能力发展	0.586	15.563 ***
科研自我效能→科研能力发展	0.362	14.098 ***
科研能力发展→科研自我效能	0.356	14.098 ***
科研自我效能→课题参与	0.145	3.726 ***
课题参与→科研能力发展	0.051	2.298 *

说明：*** 表示 $p<0.001$，** 表示 $p<0.01$，* 表示 $p<0.05$。

模型一中除了直接影响路径，还有多条间接影响路径。表 5-3 进一步总结了模型一中的直接效应、间接效应和总效应，可以看出，科研训练环境对科研自我效能除了有 0.388 的直接效应外，还有 0.299 的间接效应，科研训练环境对科研自我效能的总体影响效应值为 0.687。科研能力发展对科研自我效能的影响以直接影响为主（0.356），间接影响效应为 0.054，总体影响效应为 0.41。科研训练环境对科研能力发展除了有 0.586 的直接影响效应，还有 0.254 的间接影响效应，总体影响效应达到了 0.839。科研自我效能对科研能力发展也以直接效应为主（0.362），间接效应为 0.063，合计总效应为 0.425。课题参与对科研能力发展以直接效应为主（0.051），间接效应仅为 0.008，合计总效应 0.059。

表 5-3　博士生科研能力发展模型影响路径的效应分析

变量间关系	直接效应	间接效应	总效应
科研训练环境→科研自我效能	0.388	0.299	0.687
科研能力发展→科研自我效能	0.356	0.054	0.410

续表

变量间关系	直接效应	间接效应	总效应
科研训练环境→科研能力发展	0.586	0.254	0.839
科研自我效能→科研能力发展	0.362	0.063	0.425
课题参与→科研能力发展	0.051	0.008	0.059

从模型一的整体因子载荷系数中，可以看出各个观测变量对各自潜变量的解释力。对于科研训练环境潜变量，科研氛围与机会的因子载荷最高，为 0.83，科研指导与支持次之，为 0.81，科研资源与条件的因子载荷相对略低，为 0.71。表示科研氛围与机会、科研指导与支持对科研训练环境的解释力度更高。对于科研自我效能潜变量而言，知识技能效能和胜任力效能两个观测变量的因子载荷分别为 0.92 和 0.88。对于科研能力发展潜变量，科研知识应用的因子载荷为 0.93，科研活动推进观测变量的因子载荷为 0.92（见表 5-4）。模型的因子载荷系数以及直接影响路径系数在图 5-2 中也有体现。

表 5-4　博士生科研能力发展模型因子载荷系数

	科研训练环境	科研自我效能	科研能力发展
科研资源与条件	0.71		
科研氛围与机会	0.83		
科研指导与支持	0.81		
知识技能效能		0.92	
胜任力效能		0.88	
科研知识应用			0.93
科研活动推进			0.92

5.1.3　结果解释

（1）科研训练环境对科研自我效能、科研能力发展的影响

博士生科研能力发展的结构方程模型分析结果表明，科研训练环境

对科研自我效能、科研能力发展均有显著的正向影响，也就是说，博士生感知到的科研资源与条件越充实、科研氛围与机会越浓厚与充分、能够获得更多来自导师和团队的指导与支持，则可能会形成更高的科研自我效能、对自身的能力和在科研中获得成功持有更高的自信，也可能会在科研知识技能和管理沟通技能等方面取得更好的发展。

第 3 章理论基础部分对自我效能的信息建构来源已有详细的介绍，主要包括亲历的动作性掌握经验、替代经验、言语说服和生理情感状态。在博士生培养过程中，合适的科研空间环境、充实的设备资源条件和充分的科研学习交流可以为博士生提供亲身实验、尽早投入科研活动的机会。从这种亲历的科研经验中，博士生可以对自身的能力水平有最直接可靠的认识，并且亲历性的科研经验越多，对自身的能力水平的信心程度就可能越高。例如 M1 受访者谈道："我本来觉得自己不适合读博，我也不是学霸类型的，但是老师让我算个这个数据，写个那个程序，去各种会上做报告，慢慢就觉得也能做下去，好像别人也挺认可。"但受各种条件限制，亲历的经验不可能面面俱到。此时，导师和科研团队成员在科研活动中的榜样示范作用就为博士生提供了替代性经验。通过导师和团队成员的示范，博士生可以观察他们在科研活动中的策略和反应，从而建构起对自身能力的认识，这些策略和反应既包括知识技能方面，也包括科研项目的管理、团队合作沟通等。同时，他人的言语说服，包括鼓励、劝说、建议、暗示等，都会使博士生提高对自身的能力信念。而且越具有权威性的人物，其言语说服的作用可能越明显，因此，导师的言语说服对博士生科研自我效能的形成有着非常重要的作用。导师越鼓励学生的自主性，学生越容易形成较高的科研自我效能感（Overall et al., 2011）。而且，博士生所在的科研环境研究氛围越浓厚，博士生越有充分的机会在平等融洽、包容失败的环境中进行学术交流和科研探索，形成积极的心理暗示和正面的情绪反应，进而提高博士生的科研自我效能感。例如，M3 受访者说："我导师态度特别好，我其实每次去找他都很没底，因为也没做出什么东西来，其实觉得挺愧对他的，但是他总鼓励我不用着急，就按现在的这个题目做下去，需要什么资源他都想办法找给我。所以每次见他之前很忐忑，见完之后就觉得确实没必要那么紧张，然后也更有干劲了，要不然真的连导师都对不起。"可见，作为博士生心目中的权威代表，如果博士生导师能够提供一个支持性的自主发展环境，对博士生面对科研中的挫折或是学业失败时，可以给予鼓励、有效建议和对其表示成功暗示，暗许对其仍具有信心和较高期待，将对博士生重拾信心、重构科研自我效能感有很大帮助。

在科研训练环境对科研能力发展的影响方面，良好的科研资源、设备条件为博士生提供了参与科研实践活动的机会。在这个过程中，博士生不仅建构并提升对自身科研能力的效能信念，其科研知识能力更是在这个过程中得以养成。而鼓励平等交流、勇于探索的科研氛围和与专业内外的专家学者交流、海外学习交流等也都会促进博士生积极思考、敢于创新和突破，从而发展自身的科研能力。M5 受访者对其研究团队的氛围描述是"我们'大老板'特别忙，所以大部分还是'小老板'在带我们做项目，他刚从国外回来的，大家年纪差的也不是很多，所以平时讨论起来也有什么说什么。他和我们说讨论问题不要有顾虑，有什么问题及时指出来，大家都能一起进步，没有必要把精力耗费在沟通上，有这个时间不如想想怎么发 paper。"在这种平等探讨、鼓励提问的氛围中，博士生容易迸发出更多的思维火花。博士生敢于提出质疑，也必须接受质疑，这对其科研内容的精进和个人学术沟通交流能力的提升都极为有益。另外，导师作为博士生培养的第一责任人，帮助博士生制定合理的科研训练计划，做出有效的科研指导与评价反馈，支持鼓励博士生大胆创新与挑战，更是对博士生科研能力的提升有重要作用。而且科研训练环境除了直接影响能力提升以外，还部分通过科研自我效能、课题参与等要素间接地影响博士生的能力提升。

（2）科研自我效能与科研能力发展的相互因果关系

本书结果表明，科研自我效能对博士生科研能力发展有着显著的正向影响，这一点在前人研究中已有证明。反过来，博士生的科研能力发展情况对科研自我效能也有显著的正向影响，当博士生在某一方面的科研能力有所欠缺时，对自身能够完成科研活动的信心程度可能就会有所下降；当博士生某一方面的科研能力有所发展时，则会进一步促进博士生对从事科研活动的自信，带来科研自我效能的提高。这一结果表明科研自我效能与科研能力发展之间的确存在相互的因果关系。M3受访者的例子对此也有验证，"我们（历史学）也不像你们有那么多的数据和方法，或者可以做定量研究，我们每天就是查文献翻古籍，像国家图书馆还有故宫博物院我都跑了一个学期，就为了去查历史资料，也不知道有没有用……后来想开了这就是我们的方法，我现在也学着做一些定量的内容分析，做起来也觉得挺有意思的"。当博士生没有理解本学科的方法论内容或没能掌握相关方法技术时，可能会对自身的科研活动感到沮丧，对付出的努力的价值产生怀疑，当博士生逐渐加深对学科的理解和认同、掌握了研究方法与技术后，会更加确信自己的科研活动的意义，对自身科研能力的信心也会随之提升。

（3）课题参与的中介效应

根据班杜拉的理论，自我效能信念起到调节人类活动的作用，主要是通过四种过程来实现的，分别是认知过程、动机过程、情感过程和选择过程。科研自我效能对课题参与的影响、课题参与对科研能力发展的影响这两条路径均达显著，一定程度上可以验证自我效能通过选择过程影响行为活动这一理论。个体通常会避开自认为超过其能力的活动和环境，而积极担负自己有能力从事的活动。科研自我效能程度较高的博士生相信自己的能力能够从事具有更高挑战性的活动，所以可能倾向于选择更具难度的科研任务，参与更多的科研项目，科研能力的发展可能会更充分；而科研自我效能程度较低的博士生则可能倾向于选择相对较低难度的科研任务，或是尽量不参与太多的科研项目，因此科研能力的提升可能比起高科研自我效能的博士生略有不足。例如，在访谈过程中，H2受访者基于对自身能力的判断而主动选择高水平的、对自身科研能力发展有益的科研工作，"我成绩好呀，干活也快，别的老师也愿意找我干活，那我毕竟时间精力有限，就得有选择地做一些质量高的，对我有帮助的工作，不能什么都做"。因为该受访者入学以来表现突出，用其自己的话说"悟性"较高，展现出较好的科研潜质，所以导师交给其多项课题任务，甚至合作团队的其他老师也会主动联系其做一些课题工作。H2 受访者由此感到"既受到认可但同时压力倍增"，只能将众多课题任务进行排序，优先选择在自己看来对于能力提升和成果产出更有帮助的工作。但受访者也承认这些课题项目对自己磨炼科研技能很有益处。博士生在课题项目的参与过程中搜集阅读文献、学习相关理论知识、掌握方法与技术，以及对于课题项目中的研讨和成果交流、课题项目的管理和团队合作等都会有切身的体会，因此积极参与课题项目的博士生的科研能力往往可能会得到显著提升。

（4）科研训练环境、科研自我效能、科研能力发展的因子载荷

在科研训练环境潜变量的三个观测变量中，科研氛围与机会、科研指导与支持的因子载荷较高，表明它们对科研训练环境的解释程度最高。诚然，导师和实验室、课题组等研究团队是博士生日常科研学习训练中最核心、接触最密切的基层组织，因此，来自导师和研究团队的指导反馈、鼓励支持无疑是博士生对科研训练环境最直观也是最重要的感知。科研自我效能的观测变量中，知识技能效能对其解释程度最高，这也符合通常的认知，一般情况下，博士生对能否完成科研任务的信心主要是来自对专业知识、实验、应用软件等科研方法技术以及学术写作、学术交流等技能的信心程度，博士生对自身具有的科研知识、技能的信心越高，对能够完成科研任务、实现科研成功的信念程度就会越高。科研能力发展的观测变量中，科研知识应用和科研活动推进的解释力度都很高。因为博士生对自身科研能力的认知主要基于对专业知识、科研技能、项目管理和沟通等方面能力的综合认知判断。

5.2　模型二的修正与检验：博士生
科研产出的结构方程模型分析

5.2.1　初始模型

本书接下来探讨博士生科研产出的结构方程模型分析。操作过程与模型一相似，将模型一中的科研能力发展这一潜变量替换为论文发表和会议报告两个显变量，其余变量结构不变，构建的模型二初始模型如图 5-3 所示。论文发表和会议报告这两个观测变量由调查得到发表篇数和报告次数各自计数加总求后聚类成五类，按由少到多重新赋予 1~5 的值，其余 8 个观测变量的计算方法与模型一相同。出于探索科研自我效能与科研产出的相互因果关系的目的，模型二绘制了论文发表与科研自我效能、会议报告与科研自我效能的双向箭头，因此也是一种混合的非递归模型。

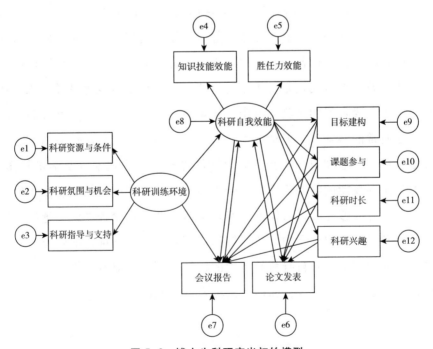

图 5-3　博士生科研产出初始模型

5.2.2　模型修正与检验结果

对模型二的初始模型进行运算后发现，模型虽能识别收敛，但"科研训练环境→论文发表"、"科研自我效能→会议报告"、"目标建构→会议报告"、"目标建构→论文发表"、"科研时长→会议报告"、"科研时长→论文发表"、"科研兴趣→会议报告"、"科研兴趣→论文发表"的路径均不显著，因此逐次剔除了目标建构、科研时长、科研兴趣这三个变量与影响路径，以及"科研训练环境→论文发表"、"科研自我效能→会议报告"两条影响路径。再次运算后，模型能够识别收敛，且各条路径均达到显著水平，但模型整体卡方值略大，为 134.595。自由度为17，卡方与自由度之比为 7.92，大于标准值 5，RMSEA 值 0.094 大于标准值 0.08，模型整体适配度有待提高。根据 M. I. 指数对模型进行修正，建立误差方差 e2 与 e5、e6 与 e7 两组共变关系，以改善模型的整体适配性（见表 5-5）。建立这两组共变关系的现实意义是，科研氛围与机会可能会影响博士生按期获取学位、在科研活动中取得成功等效能信心。博士生的论文发表和会议报告也很大程度上可能具有相关关系，具有较多论文发表的博士生，可能也会有很多会议报告的经历。

对模型二的修正模型进行运算的结果显示，卡方值为 26.11，自由度为15，二者比值为 1.74，AGFI 值 0.98，RMSEA 值 0.031，模型绝对适配度指标显示模型拟合很好。相对适配度指标 NFI = 0.989，GFI = 0.992，CFI = 0.995，均大于标准值 0.90，且非常接近于 1，可以认为修正后的模型整体适配程度非常好，模型二的各条路径均通过了检验（见表 5-5）。

表 5-5　博士生科研产出模型拟合情况

	检验指标	结果	适配标准
绝对适配度指标	χ^2	26.11 ***	
	df	15	
	χ^2/df	1.74	<5
	AGFI	0.98	>0.90
	RMSEA	0.031	<0.08

续表

	检验指标	结果	适配标准
	NFI	0.989	>0.90
相对适配度指标	GFI	0.992	>0.90
	CFI	0.995	>0.90

说明：*** 表示 $p<0.001$，** 表示 $p<0.01$，* 表示 $p<0.05$。

表 5-6 展示了模型二的标准化路径系数估计值，可以看到 7 条路径系数的 t 值均大于 1.96，7 条影响路径均在 0.01 水平显著。科研训练环境对科研自我效能有显著正向影响，影响系数为 0.706；科研训练环境对会议报告有显著正向影响，影响系数为 0.137；科研自我效能对会议报告没有显著影响，但对论文发表的影响达到显著水平，影响效应为0.026；反过来，论文发表对科研自我效能的影响效应为 0.07；科研自我效能对课题参与有着显著正向影响，影响系数为 0.145；课题参与对论文发表和会议报告均有显著正向影响，影响效应分别为 0.322 和0.203。各条影响路径的标准化系数在图 5-4 中也有体现。

表 5-6　博士生科研产出模型标准化路径系数估计值

变量关系	路径系数	t 值
科研训练环境→科研自我效能	0.706	17.842 ***
科研训练环境→会议报告	0.137	3.871 ***
科研自我效能→论文发表	0.026	2.827 **
论文发表→科研自我效能	0.070	2.827 **
科研自我效能→课题参与	0.145	3.831 ***
课题参与→论文发表	0.322	9.477 ***
课题参与→会议报告	0.203	5.829 ***

说明：*** 表示 $p<0.001$，** 表示 $p<0.01$，* 表示 $p<0.05$。

模型二中同样存在多重间接影响效应。科研训练环境对科研自我效能主要是直接影响，间接效应值非常小（0.004），但科研训练环境对科研自我效能的总体影响效应达到了 0.71。论文发表对科研自我效能

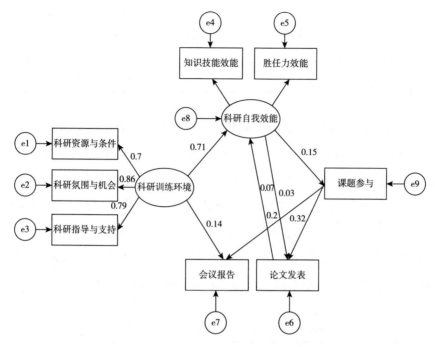

图 5-4　博士生科研产出修正模型及结果

仅有直接效应，无间接效应。科研自我效能对论文发表则主要是通过课题参与产生间接影响效应（0.047），但总体影响效应依旧不大，仅有0.073。相比之下，课题参与对论文发表的总效应达到0.324，其中主要是直接影响（0.322）。科研训练环境对会议报告的影响总体达到0.158，直接影响同样占了主要部分（0.137），间接影响效应为0.021。课题参与对会议报告主要是直接影响发生作用（0.203），间接影响可以忽略不计（见表5-7）。

表 5-7　博士生科研产出模型影响路径的效应分析

变量间关系	直接效应	间接效应	总效应
科研训练环境→科研自我效能	0.706	0.004	0.710
论文发表→科研自我效能	0.070	—	0.070
科研自我效能→论文发表	0.026	0.047	0.073

续表

变量间关系	直接效应	间接效应	总效应
课题参与→论文发表	0.322	0.002	0.324
科研训练环境→会议报告	0.137	0.021	0.158
课题参与→会议报告	0.203	0.001	0.203

　　模型二的潜变量只有科研训练环境和科研自我效能两个，其因子载荷系数与模型一相比变化不大。科研训练环境潜变量中解释力最高的变为科研氛围与机会观测变量，因子载荷为0.86，其次是科研指导与支持观测变量，因子载荷为0.79，科研资源与条件观测变量的因子载荷依旧是0.70。对于科研自我效能潜变量而言，知识技能效能观测变量的因子载荷最高，为0.92，胜任力效能观测变量次之，为0.89（见表5-8）。模型的因子载荷系数以及直接影响路径系数也展示在图5-4中。

表5-8　博士生科研产出模型因子载荷系数

	科研训练环境	科研自我效能
科研资源与条件	0.70	
科研氛围与机会	0.86	
科研指导与支持	0.79	
知识技能效能		0.92
胜任力效能		0.89

5.2.3　结果解释

（1）科研训练环境的影响效应

　　模型二的结果表明，科研训练环境对科研自我效能具有显著的正向影响，这一点与模型一中的结果相同，在此不做赘述。但在科研产出方面，科研训练环境仅对会议报告有显著的正向影响，而对论文发表的影响未达到显著水平。对此的解释是，通常如果博士生所在的科研训练环境有着较好的科研资源平台、有浓厚的研究氛围和科研学习交流的机会，那么博士生参与学术会议并在会议上报告自己的科研成果的意愿和机会可能也会随之增加，而对于论文发表而言，除了博士生的个人发表意愿、论文写作与投稿以外，还涉及期刊的容量、审稿等诸多外部因素，因此即便博士生对科研训练环境评价很高，也可能不会显著影响到自身的论文发表情况。

（2）科研自我效能与论文发表的相互因果关系

根据模型二结果显示，科研自我效能与会议报告的相互影响路径皆未达到显著，但科研自我效能与论文发表的相互影响路径均达到显著水平，证明二者之间的确存在相互的因果关系。这也符合我们的日常认识，通常具有较高科研自我效能的博士生对其自身的科研知识技能更有信心，认为自己的科研成果足以出版，因此可能会更加积极地进行论文写作并投稿发表，反之，发表的论文越多，博士生也可能会对自己的科研水平和胜任力更有信心，从而拥有更高的科研自我效能水平。这一点在多位受访者处都得到了验证，例如 M2、M3 受访者都表示初期也对自己是否适合从事科研产生过怀疑，但随着在科研中"持续的付出努力，在过程中慢慢积累成果，然后相应的就会建立更多的信心，就进入一个比较良性的循环。"但从路径系数来看，科研自我效能与论文发表的影响效应比较弱，这也暗示了二者的影响路径之间可能存在某些中介变量。

（3）课题参与的中介效应

在模型二中，课题参与对包括论文发表和会议报告在内的科研产出的影响是最为明显的。首先课题参与对论文发表和会议报告的影响效应均达到显著水平。而且，课题参与还在科研自我效能与论文发表、会议报告之间起了中介效应。利用自我效能理论对这一结果解释的话，自我效能会通过具体行为来影响行为组织策略和行为结果。诚然，博士生对自己从事科研活动即便有了信心，但是如果不将信心转化为行动，也很难将信念知觉转化为科研成果。尤其是在当前的博士生培养过程中，课题项目可以说已经成为博士生科研训练最重要的载体，很多博士生的科研产出都是源自其参与的课题项目，将研究的成果在各类会议上进行宣讲交流，或形成论文投稿至国内外期刊发表。例如，H1 受访者回答，"我想做关于 XXX 的研究，这种靠自己根本没法去获取内部数据，必须跟着老师的课题，所以现在就要好好表现，到时候可以通过老师说的某个基金的项目去做调查，有了数据发文章毕业是很容易的，反正都是用那些方法。"可见该受访者对未来的行动目标有着清晰的认知和敏锐的判断，并在基于对自身能力的认知判断下组织科研行为策略。也有受访者戏称，"实验室的一个课题'养活'了一屋子博士"（M5）。因此，如果博士生想要提高科研产出，积极参与课题项目理应是一个合适的选择。

（4）科研训练环境和科研自我效能的因子载荷

在模型二中，科研氛围与机会对科研训练环境的解释力度最强，因为院系的研讨氛围、与优秀学者交流的机会、申请科研项目或海外学习等机会，也是博士生对科研训练环境的直接感知因素。科研指导与支持的解释力度也同样较强。科研自我效能中依旧是知识技能效能观测变量的解释程度最高，胜任力效能的解释程度次之。这一点与模型一的结果一致，不再赘言。

5.3 模型一和模型二的多群组结构方程模型分析

以上结构方程模型分析对总体样本群体的科研生产力影响路径进行了检验，表明科研训练环境、科研自我效能、课题参与变量对博士生科研能力发展和科研产出有着重要影响，课题参与在博士生的科研自我效能与科研生产力之间发挥了重要的中介作用。与此同时，本书也发现，来自不同学科、不同年级的博士生在对科研活动的认知方面和科研生产力发展状况方面存在很多差异（参见第四章的差异性分析结果）。以往研究也表明，对于科研生产力问题的研究，比较理智的做法是对不同的学

科分别讨论 (Meltzer and Bernard, 1949)。在不同学科文化特征背景下,采取符合研究模式特点的学科规训可以提升博士生的学业发展与满意度 (Chiang, 2003)。也有不少研究曾讨论过年级对博士生科研生产力的预测作用,但尚未形成统一的结论 (Phillips and Russell, 1994; Kahn and Scott, 1997)。那么,对于有着不同学科背景、年级背景的博士生来说,本书中的理论模型是否同样适用?科研生产力的影响路径和影响效应是一样的吗?在这里,本书试图进一步检验博士生的学科类型变量、年级变量对模型一和模型二的调节作用,从而分析具有不同学科背景、年级背景的博士生群体在科研生产力影响路径和影响效应上是否存在差异。

多群组结构方程模型分析可以用来检验理论模型是否在不同样本群体之间均能够适配或参数是否具有不变性。从操作层面具体而言,首先针对样本中某一变量设置不同的群组。接着,设定多重模型。由于研究关注的是不同博士生群组是否有着同样的理论模型,以及路径系数是否相同,因此,设定了未限制参数的预设模型(原模型)和三个限制参数模型:测量系数相等模型、路径系数相等模型和模型不变性模型。如果以上模型拟合情况可以被接受,表明理论模型在两个群组间都可以成立。然后,对嵌套模型进行比较。假设未限制参数的预设模型为正确的模型,比较参数限制模型和预设模型卡方值差异和显著性检验结果:如果卡方值达到 0.05 水平显著,则需拒绝虚无假设,也就是该模型与预设模型是有差异的;如果卡方值没有达到 0.05 水平的显著,则表示可以接受虚无假设,两个模型没有差异。但需要注意的是,卡方值差异容易受到样本量的影响,在样本数较大的情况下,卡方值差异就会很容易显著,从而带来一个误判,即两个没有差异的模型被判断为有显著差异。对此,吴明隆(2009)给出的办法是:在比较嵌套模型时,比起卡方值差异,还需要看 NFI、IFI、RFI、TLI 这几个适配指标的差异,若这四个值的增加量小于 0.05,也可以接受虚无假设,表明两个模型没有差异,两个群组模型是具有不变性或恒等性的。最后,还可以通过参考两个群组的路径系数差异临界比绝对值是否小于 1.96,来分析对应路径系数是否存在显著差异。本书遵循以上原理和步骤对学科和年级变量的调节作用进行检验。

5.3.1　针对学科类型变量的多群组分析

（1）基于模型一的学科类型变量多群组分析

对本书样本进行基于学科背景变量的分组，定义人文社科类博士生为1，理工农医类博士生为2，设定限制参数模型并执行运算后发现，虽然三个限制参数模型卡方值略大，但卡方与自由度的比值分别为1.440、1.415、1.676、2.345，均符合5以下的适配标准，其他指标RMSEA值均在0.8以下，NFI、CFI值均在0.90以上，表明模型适配情况良好（见表5-9）。以上模型均能够被识别，表明模型一的理论假设同样适用于不同学科背景的博士生群体。

表5-9　基于不同学科背景的多群组模型拟合情况

模型	CMIN	DF	P	CMIN/DF	RMSEA	NFI	GFI	CFI
预设模型	40.317	28	0.062	1.440	0.024	0.986	0.990	0.997
测量系数相等模型	46.693	33	0.058	1.415	0.023	0.982	0.989	0.997
路径系数相等模型	63.670	38	0.006	1.676	0.029	0.960	0.985	0.994
模型不变性模型	114.888	49	0.000	2.345	0.041	0.944	0.972	0.984

为了进一步考察学科类型变量的调节作用，分析两个群组中路径系数是否存在变化，这里主要选取路径系数相等模型进行分析。表5-10中显示，在假设未限制参数的预设模型为真的前提下，路径系数相等模型增加的卡方值为63.670−40.317 = 23.353，显著性检验p值在0.01水平显著。但考虑到卡方值差异量可能受到了样本量较大的影响而达到显著水平，因此采用吴明隆介绍的方法，参考NFI、RFI、IFI、TLI这四个指标的差异量，发现比起预设模型，路径系数相等模型的适配指标增加量均小于0.05，表明可以接受虚无假设，两个模型的路径系数没有显著差异。

表 5-10　假设预设模型为真的嵌套模型比较参数

模型	CMIN	DF	P	NFI Delta-1	RFI rho-1	IFI Delta-2	TLI rho-2
路径系数相等模型	23.353	10	0.010	0.006	0.006	0.003	0.003

　　为了确认这一结果，接下来继续采用计算两群组的路径系数差异临界比的方法，判断两个群组中是否各条路径系数都没有显著差异，两个模型是否的确具有恒等性。结果发现，并非所有的影响路径系数都没有显著差异，如表 5-11 所示，"科研训练环境→科研自我效能"这一条影响路径的差异值临界比绝对值大于 1.96，表示人文社科类博士生和理工农医类博士生两群组在这条影响路径系数上存在显著差异，对理工农医类博士生来说，科研训练环境对其科研自我效能的影响效果更为明显。第 4 章中曾经分析过，不同学科研究范式下博士生科研自我效能存在显著差异的原因，这一原因可以同样用于解释这一结果。其他路径系数在两群组中均无显著差异。

表 5-11　不同学科群组的路径系数估计值与配对参数临界比

变量关系	人文社科		理工农医		差异值临界比
	路径系数	t 值	路径系数	t 值	
科研训练环境→科研自我效能	0.108	3.831 ***	0.440	9.189 ***	2.185
科研训练环境→科研能力发展	0.538	6.910 ***	0.600	14.415 ***	-0.020
科研自我效能→科研能力发展	0.540	8.376 ***	0.327	11.594 ***	-0.149
科研能力发展→科研自我效能	0.491	8.376 ***	0.328	11.594 ***	-0.846
科研自我效能→课题参与	0.098	2.782 **	0.142	3.279 **	0.082
课题参与→科研能力发展	0.043	2.127 *	0.057	2.264 *	0.280

说明：*** 表示 $p<0.001$，** 表示 $p<0.01$，* 表示 $p<0.05$。

（2）基于模型二的学科类型变量调节作用分析

　　与基于模型一的多群组分析步骤类似，执行运算后发现，同样存在三个限制参数模型卡方值略大的情况，但卡方与自由度的比值分别为

1.440、1.519、3.078、3.166，均符合 5 以下的适配标准，其他指标 RMSEA 值均在 0.8 以下，NFI、CFI 值均在 0.90 以上，表明模型适配情况良好（见表 5-12）。以上模型均能够被识别，表明模型二的理论假设也同样适用于两群组的博士生群体。

表 5-12　基于不同学科背景的多群组模型拟合情况

模型	CMIN	DF	P	CMIN/DF	RMSEA	NFI	GFI	CFI
预设模型	43.199	30	0.056	1.440	0.024	0.982	0.990	0.994
测量系数相等模型	53.164	35	0.025	1.519	0.026	0.978	0.989	0.992
路径系数相等模型	141.570	46	0.000	3.078	0.052	0.942	0.985	0.960
模型不变性模型	183.656	58	0.000	3.166	0.053	0.925	0.972	0.947

接下来进一步考察两个群组的影响路径系数是否存在显著的差异。通过路径系数相等模型与假设为真的预设模型进行嵌套模型比较发现，如表 5-13 所示，路径系数相等模型增加的卡方值为 100.292，差异量很大，且显著性检验 p 值在 0.001 水平显著，本应拒绝虚无假设，但考虑到卡方值差异量可能受到了样本量较大的影响，因此参照 NFI、RFI、IFI、TLI 这四个指标的差异量，发现比起预设模型，路径系数相等模型的适配指标增加量分别为 0.041、0.042、0.037 和 0.038，均小于 0.05，表明虚无假设可以被接受，两个模型的路径系数没有显著差异（见表 5-13）。

表 5-13　假设预设模型为真的嵌套模型比较参数

模型	CMIN	DF	P	NFI Delta-1	RFI rho-1	IFI Delta-2	TLI rho-2
路径系数相等模型	100.292	18	0.000	0.041	0.042	0.037	0.038

为了更准确地判断两个群组的影响路径系数究竟是否存在差异，仍旧需要通过计算两群组的路径系数差异临界比来帮助判断。结果如表 5-14 所示，两群组在"课题参与→会议报告"影响路径的差异值临界

比绝对值大于 1.96，表示人文社科类博士生和理工农医类博士生两群组在这条影响路径系数上存在显著差异，对理工农医类博士生来说，课题参与对其会议报告这一科研产出的影响效果更为明显，这一结果可能与理工农医类学科专业博士生有更多参与课题项目的机会有关。其他影响路径上，这两个群组的路径系数均没有达到显著差异。

表 5-14　不同学科群组的路径系数估计值与配对参数临界比

变量关系	人文社科		理工农医		差异值临界比
	路径系数	t 值	路径系数	t 值	
科研训练环境→科研自我效能	0.529	5.436***	0.632	17.408***	0.850
科研训练环境→会议报告	0.252	3.081**	0.122	3.115**	-1.539
科研自我效能→论文发表	0.043	2.456*	0.022	2.042*	-0.437
论文发表→科研自我效能	0.150	2.456*	0.055	2.042*	-1.173
科研自我效能→课题参与	0.090	2.528*	0.150	3.519***	0.442
课题参与→会议报告	0.083	2.207*	0.267	6.932***	2.763
课题参与→论文发表	0.268	3.544***	0.352	9.302***	1.276

说明：*** 表示 $p<0.001$，** 表示 $p<0.01$，* 表示 $p<0.05$。

5.3.2　针对年级变量的多群组分析

（1）基于模型一的年级变量调节作用分析

首先，针对年级变量对样本进行了群组定义，定义二年级博士生为低年级群组，二年级以上的博士生为高年级群组。在设定了参数限制模型并执行运算后发现，预设模型和三个限制参数模型均能够适配，虽然卡方值较大，但卡方与自由度的比值都在 5 以下，RMSEA 值均小于 0.08，NFI、GFI、CFI 值均大于 0.90，模型可以被识别，表明模型一在低年级博士生群组样本和高年级博士生群组样本中都同样适用（见表 5-15）。

表 5-15　基于不同年级背景的多群组模型拟合情况

模型	CMIN	DF	P	CMIN/DF	RMSEA	NFI	GFI	CFI
预设模型	38.729	26	0.052	1.490	0.025	0.991	0.996	0.997
测量系数相等模型	40.387	31	0.121	1.303	0.020	0.990	0.997	0.998
路径系数相等模型	101.176	46	0.000	2.199	0.039	0.976	0.983	0.987
模型不变性模型	117.083	57	0.000	2.054	0.037	0.972	0.981	0.985

其次，为了检验模型一在低年级和高年级群组之间的路径效应是否相同，这里还是选择将路径系数相等模型这一限制参数模型同预设模型进行比较。由表 5-16 的参数比较可知，路径系数相等模型增加的卡方值为 62.447，差异量较大，显著性检验 p 值在 0.001 水平显著，应拒绝虚无假设，即模型在两群组间不存在完全等同性。根据吴明隆的观点，样本数较大时，卡方增加量很容易达到显著水平，需参考 NFI、RFI、IFI、TLI 这四个指标的差异量。表 5-16 中四个指标的差异量均小于 0.05，表明可以接受虚无假设，即模型在两群组间存在完全等同性。

表 5-16　假设预设模型为真的嵌套模型比较参数

模型	CMIN	DF	P	NFI Delta-1	RFI rho-1	IFI Delta-2	TLI rho-2
路径系数相等模型	62.447	20	0.000	0.015	0.010	0.015	0.010

由于嵌套模型比较结果出现了不一致的结论，因此还是需要对不同年级群组的路径系数估计值和配对参数临界比进行计算。从表 5-17 可以看出，配对参数临界比的绝对值都小于 1.96，也就是说在低年级群组样本和高年级群组样本中，模型一的路径系数均没有显著差异，可以认为模型一在低年级群组和高年级群组之间存在等同性。

表 5-17　不同年级群组的路径系数估计值与配对参数临界比

变量关系	低年级		高年级		差异值 临界比
	路径系数	t 值	路径系数	t 值	
科研训练环境→科研自我效能	0.475	6.776***	0.319	5.922***	-0.650

变量关系	低年级		高年级		差异值临界比
	路径系数	t 值	路径系数	t 值	
科研训练环境→科研能力发展	0.660	10.218***	0.539	11.988***	0.588
科研自我效能→科研能力发展	0.271	6.480***	0.426	13.069***	0.223
科研能力发展→科研自我效能	0.254	6.480***	0.435	13.069***	0.438
科研自我效能→课题参与	0.097	2.481*	0.181	3.509***	0.052
课题参与→科研能力发展	0.059	2.043*	0.040	1.987*	-0.105

说明：＊＊＊ 表示 $p<0.001$，＊＊ 表示 $p<0.01$，＊ 表示 $p<0.05$。

（2）基于模型二的年级变量调节作用分析

采取类似的步骤对模型二进行基于年级变量的多群组分析。首先预设模型和三个限制参数模型均可以拟合，虽然依然存在卡方值略大的问题，但卡方值与自由度之比分别为 1.575、1.449、3.038 和 2.724，都在适配参考值 5 以下，其他适配值 RMSEA 都在 0.08 以下，NFI 值、GFI 值、CFI 值都在 0.90 以上，模型拟合情况良好，表明模型二同样在低年级博士生群体样本和高年级博士生群体样本中都可以适用（见表 5-18）。

表 5-18　基于不同年级背景的多群组模型拟合情况

模型	CMIN	DF	P	CMIN/DF	RMSEA	NFI	GFI	CFI
预设模型	44.091	28	0.027	1.575	0.027	0.982	0.993	0.993
测量系数相等模型	49.251	34	0.044	1.449	0.024	0.979	0.992	0.993
路径系数相等模型	139.770	46	0.000	3.038	0.051	0.942	0.975	0.960
模型不变性模型	157.986	58	0.000	2.724	0.047	0.934	0.972	0.957

在假设预设模型为真的前提下，对路径系数相等模型和预设模型进行嵌套模型比较发现，卡方值增加了 95.679，p 值在 0.001 水平显著，表示应拒绝虚无假设，模型二在两群组间不具有不变性。参考 NFI、RFI、IFI、TLI 这四个指标的差异量都小于 0.05，表示可以接受虚无假设，但其中 RFI 的差异量 0.043 很接近 0.05 的参考值，因此还需要进行进一步的检验判断（见表 5-19）。

表 5-19　假设预设模型为真的嵌套模型比较参数

模型	CMIN	DF	P	NFI Delta-1	RFI rho-1	IFI Delta-2	TLI rho-2
路径系数相等模型	95.679	18	0.000	0.040	0.043	0.041	0.035

从表 5-20 的不同年级群组路径系数估计值和配对参数临界比可以看出，模型二中的"课题参与→会议报告"这一影响路径的系数，在低年级博士生和高年级博士生间存在显著差异（差异值临界比为 2.845，大于临界值 1.96），比起低年级博士生，课题参与对会议报告的影响效应在高年级博士生中更高一些。这一结果可以用科研累积效应来解释，随着博士生年级增高，科研训练经验逐渐丰富，通过参与课题项目的机会可能产出更多的成果，并在各级各类会议上进行报告交流。而其他影响路径系数在低年级和高年级博士生群体之间没有统计学意义上的显著差异。

表 5-20　不同年级群组的路径系数估计值与配对参数临界比

变量关系	低年级		高年级		差异值临界比
	路径系数	t 值	路径系数	t 值	
科研训练环境→科研自我效能	0.712	12.082***	0.697	13.192***	0.693
科研训练环境→会议报告	0.097	3.199**	0.156	3.387***	1.782
科研自我效能→论文发表	0.033	2.074*	0.040	3.082**	1.641
论文发表→科研自我效能	0.053	2.074*	0.098	3.082**	-0.395
科研自我效能→课题参与	0.102	2.733**	0.176	3.583***	1.177
课题参与→会议报告	0.089	2.310*	0.243	5.409***	2.845
课题参与→论文发表	0.286	5.350***	0.314	7.042***	0.402

说明：*** 表示 $p<0.001$，** 表示 $p<0.01$，* 表示 $p<0.05$。

5.4　小结

本章对研究假设和建构的理论模型进行了检验。结构方程模型分析发现，模型一和模型二的拟合程度很好，模型的解释力比较高。结果显示，在所有研究假设中，目标建构、科研时长、科研兴趣的相关假设均被拒绝，科研训练环境对论文发表、科研自我效能与会议报告的相互因果关系均被拒绝，除此以外的所有假设均得到支持，具体假设与检验结果如表 5-21 所示。这一研究结果表明，本研究的逻辑起点——基于班杜拉三元交互决定论提出的科研训练环境、科研自我效能、科研生产力构成的博士生科研生产力发展理论模型得到了验证，且科研自我效能与科研生产力二者的相互影响关系也部分地得到了验证。

表 5-21　研究假设检验结果汇总

序号	研究假设	检验结果
H1	科研训练环境对科研自我效能具有正向影响	支持
H2a	科研训练环境对科研能力发展具有正向影响	支持
H2b	科研训练环境对论文发表具有正向影响	拒绝
H2c	科研训练环境对会议报告具有正向影响	支持
H3a	科研自我效能对科研能力发展具有正向影响	支持
H3b	科研自我效能对论文发表具有正向影响	支持
H3c	科研自我效能对会议报告具有正向影响	拒绝
H4a	科研能力发展对科研自我效能具有正向影响	支持
H4b	论文发表对科研自我效能具有正向影响	支持
H4c	会议报告对科研自我效能具有正向影响	拒绝
H5a	目标建构在科研自我效能与科研能力发展之间起中介作用	拒绝
H5b	目标建构在科研自我效能与论文发表之间起中介作用	拒绝
H5c	目标建构在科研自我效能与会议报告之间起中介作用	拒绝
H6a	课题参与在科研自我效能与科研能力发展之间起中介作用	支持
H6b	课题参与在科研自我效能与论文发表之间起中介作用	支持
H6c	课题参与在科研自我效能与会议报告之间起中介作用	支持
H7a	科研时长在科研自我效能与科研能力发展之间起中介作用	拒绝
H7b	科研时长在科研自我效能与论文发表之间起中介作用	拒绝
H7c	科研时长在科研自我效能与会议报告之间起中介作用	拒绝
H8a	科研兴趣在科研自我效能与科研能力发展之间起中介作用	拒绝
H8b	科研兴趣在科研自我效能与论文发表之间起中介作用	拒绝
H8c	科研兴趣在科研自我效能与会议报告之间起中介作用	拒绝

　　另外，基于学科类型和年级变量的多群组分析结果表明，本研究的理论模型在不同学科类型群体样本、不同年级群体样本中同样适用，但不同群组样本的路径系数存在部分差异：模型一中，对于理工农医类博士生而言，科研训练环境对科研自我效能的影响效果显著高于人文社科类博士生。模型二中，对于理工农医类博士生而言，课题参与对会议报告的影响效果显著高于人文社科类博士生；对于高年级博士生而言，课题参与对会议报告的影响效果显著高于低年级博士生。

第6章
博士生科研生产力的提升策略

本章以前文的研究结果为依据，结合访谈内容、案例资料和博士生培养的现实情况，提出提升博士生科研生产力的相关策略，包括改善博士生科研训练环境、提升博士生的自我效能、鼓励博士生适度参与课题项目、关注博士生培养过程中隐性知识的传递等，并对博士生论文发表的相关要求进行了延伸讨论。

6.1 改善博士生科研训练环境

结构方程模型分析表明，科研训练环境对博士生的科研能力发展和会议报告有显著的正向影响，改善科研训练环境对提升博士生科研生产力有着重要意义。尤其是科研指导与支持、科研氛围与机会对科研训练环境的解释程度更高，因此更应在博士生培养过程中着重对这两个方面的情况进行了解和改进。

（1）科研指导与支持方面

我国研究生教育实行的是导师负责制，导师对研究生的学业、科研、就业、思想负有全过程指导的责任。2018年，《教育部关于全面落实研究生导师立德树人职责的意见》提出，导师立德树人职责包括提升研究生思想政治素质、培养研究生学术创新能力、培养研究生实践创新能力、增强研究生社会责任感、指导研究生恪守学术道德规范、优化研究生培养条件、注重对研究生人文关怀七项内容，更加强调了导师对于研究生的影响是全方位的。导师作为博士生效仿的榜样和院系组织的代表者，是博士生社会化过程中最为关键的角色，为博士生建立了行为表现的标准与规范（Girves and Wemmerus，1988）。因此有人认为，学术指导即是一种社会关系和身份的构建过程（Hall and Burns，2009）。学术指导的主要模式也被概括为不同类型，如可分为控制信念取向、指导信念取向、任务中心取向和个人中心取向等（Murphy et al.，2007）。在此次研究调查中，博士生对导师的指导水平、及时给出反馈、认真听取并尊重学生的看法、平等交流观点等方面的满意度比较高，特别是对"导师对我取得的成绩及时予以肯定""导师鼓励我在科研活动中承担一定的责任""导师鼓励我开展具有一定挑战性的研究""导师扩展了我的学术视野"这几项最为认可。但是，在"导师激发了我的学术志趣""导师帮助我融入学术共同体""导师为我的职业生涯发展提供建议""导师提供了充足的科研补助，使我能够全身心地投入研究"这几项的满意度则相对较低。这一定程度上表明，导师在科研方面的指导比较得到博士生的认可，但在面向博士生个人的职业与科研生涯发展的支持方面则不那么如意。

在访谈中，当问到受访者觉得好的导师或者好的师生关系是怎样的，研究发现，比起实质性的正式的科研指导，受访博士生似乎更希望获得方向上的指引，期待导师为自己"指点迷津"。例如，M3受访者认为，"我博士和硕士期间做的方向不一样，所以一直不知道博士论文应该做什么，很希望导师能给我指定一个题目。但是导师又是很尊重我的意见的类型，他想让我找到自己真正感兴趣的方向。所以我现在自己选了一个题目，不知道怎么做下去的时候就去找他……我觉得导师和我们不一样的就是，有时候他几句话就能点醒你"。而且，大部分受访者都表示，博士生的科研学习需要自主性，而不是等待导师"喂养"。"已经是博士生了，不能事事靠导师教给你，导师自己也有很多事要忙，核心的基础的东西课上已经教给你了，其他的就要靠自己看文献，看别人的最新研究。导师能做的就是在你研究卡壳的时候，或者做不下去的时候提供一些帮助，不至于让你误入歧途就够了"（M5）。"其实一些方法和技术的东西，比如我们用的软件，可能导师也不会用，但是项目里需要，他就让我们去学。那你说导师需要掌握具体一个软件怎么用吗？也未必。像我从头学怎么写代码到现在可以熟练运用，也花了几个月的时间。导师年纪不小了，各种项目各种开会，确实没有时间去真正学，有我们会用就足够了，借这个机会我也正好学到东西了"（M1）。因此，比起"教"，博士生导师需要更多地发挥"导"的作用，尤其在现代团队作业的场景中，导师不仅是单个博士生的导师，更是引领整个研究团队的"领航员"，需要在团队成员陷入研究瓶颈时提供方向指引，在发现团队成员方向偏误时要及时纠偏。这其实对于导师的指导能力与水平提出了非常高的要求。因为这就要求导师本人非常了解业界研究前沿与发展动态，能够提前对研究趋势做出判读，并且对一项研究的价值要有极佳的甄别能力，保证博士生不会在偏离的方向前进太远，也避免具有重大潜力的新方向、新发现不至湮灭（见表6-1）。

表 6-1　受访者对"好的导师"的理解

三级编码	二级编码	一级编码
科研支持	领航员；方向纠偏	提出好的研究方向；遇到瓶颈时提供思路启发；避免误入歧途
监督与示范	进度监控；榜样力量	督促科研进展；关键节点的提示；导师个人成就；导师学术志趣
个人支持	精神关怀；经济补助；职业发展建议	遇到瓶颈时给予鼓励；足额的工资与科研补贴；对未来感到迷茫时指引方向

　　也有受访者期待导师扮演"监督者"的角色，他们同样认为科研知识与方法的习得更多应该靠自主性学习探索，导师无须事事过问，且应该充分尊重博士生的科研兴趣和研究方向。否则博士生很容易受到导师个人研究经历与视野的限制，而难以做出真正的突破。但是在一些关键节点，如博士论文选题、成果发表、毕业工作等，需要导师及时予以提示和帮助，尤其是在博士生科研活动过程中，需要阶段性地了解并督促

其工作进展。例如，M2、M7受访者都谈到自己的导师会在资格考试、开题之前提示他们需要做好哪些准备。当自己的研究进展到一定阶段时，导师也会提示他们可以总结研究成果，投稿到对应期刊进行文章发表。"我觉得导师能做到这些就很'厉害'了，他在自己的科研、教学还有社工任务之余还能记得每个学生的学习进度、做了什么样的研究……人都有惰性，有时候我刚想放松一下，经常这个时候导师的联系就来了，问我论文写得如何了，我就又赶紧打开电脑。"（M7）个别受访者表示自己甚至是依赖于导师的监督，"导师知道我玩心重，所以盯我盯得很紧。基本每周都会找我干点活，到时间了就找我要东西。虽然这样压力有点大，但也确实有效果，要不然我自己也不会想着发文章或者学个新软件"。H4受访者则认为，"导师自己做好科研比什么都重要"，导师是研究团队的核心，导师个人在科研活动中的榜样示范作用是最有说服力的。

还有受访者渴望从导师处得到更多的"人文关怀"。他们认为好的导师、好的生师关系应该是充满温情的，是发自心底的相互关怀。为此，学生需要"努力付出，得到导师的信任和尊重，当导师把你当作自己人，甚至像当作自己的孩子一样，他自然会为你生活的各个方面考虑，钱够不够花，以后工作怎么发展，甚至连对象都想帮你介绍一个"（M4）。H3受访者认为，当生师关系成为一种良性的个人关系后，可以形成合力全力攻克科研难题，"当你累了迷茫了，导师不是向你施压而是安慰你，劝你注意身体，帮你解决困难，这种情况下你想的也只有好好科研来回报导师。"通过非正式的交流互动构建起的一种私人纽带有助于导师和博士生建立相互理解和信任的关系，进而使师生能够排除干扰，专心于科研。但这种私人关系的建立也是充满风险的，需要在符合师生伦理的前提下进行合理的交往。

导师因其在导学关系中的先赋权威地位而对研究生具有强烈影响力，这就要求导师在指导过程中要始终将育人放在首位，将培育研究生成长成才作为一切指导行为的出发点和落脚点。从博士生的视角来看，导师对自己的影响是全方位的，导师在学术科研方面的指导和对博士生个人的支持在构建和谐的生师关系中几乎是同等重要的（周全、汤书昆，2016）。所以，在导师队伍建设中，不仅要重视导师的专业水平和科研指导能力，还要强化导师的责任感，树立育人理念，关心学生的成长发展。言传身教，向学生展示科研工作的魅力、勉励学生严谨治学、支持学生应对挑战；因势利导，帮助学生完成身份转换、形成专业认同、规划职业发展，形成远大的学术理想（袁本涛、李莞荷，2017），并加强对学生的个人支持和非正式互动，给予学生日常的关心，在学生缺乏自信、感到挫败时进行鼓励，帮助学生解决经济等方面的困难。这样才能更加有利于推进博士生的科研生产力的发展。同时，学校和院系也应由相关部门对导师视角的意见和态度进行收集，实现信息对称，了解导师在博士生培养过程中的经验和困惑，指导或协助导师更好地实现对博士生的指导与支持。

（2）科研氛围与机会方面

学校、院系或核心研究团队的科研氛围与机会是博士生培养的重要软环境。一个提倡平等交流、鼓励问题争论与学术争鸣、向专业领域内外的专家学者请教并共同研讨的环境，对博士生科研志趣的塑造、科研身份的形成和科研能力的发展有着极其重要的意义。同济大学医学院的章小清教授讲述自己还是博士生的时候参加 2005 年"林岛会议"① 的情景：当自己决定向诺贝尔奖获得者提问时，紧张得"脑子一片空白，有大脑充血的感觉"，但诺贝尔奖获得者非常有耐心地回答了他"不那么专业的问题"，从此之后，内向、不自信的"坎"彻底地被他克服掉了，"以后在任何场合都不怵了"。会议期间，同诺贝尔奖获得者在非常自由的氛围中发表看法和争论，让章小清教授改变了很多看法，"不仅明确了做科研的方向，也增强了对做科研的信心"。他还表示，比起邀请诺贝尔奖获得者前来讲座，让学生有种"仰望"的感觉，更重要的是要营造自由的研究氛围，鼓励学生在能够自由平等交流的环境中自

---

① 1951 年开始，在德国林岛每年召开一次的诺贝尔奖获得者大会。2004 年起，中国博士生也开始受邀参加该会议。

由地畅想①。在访谈中，不少受访者谈到好的科研氛围对自己形成良好的科研习惯的重要作用，H4 受访者讲述了自己所在实验室组会的故事，"我们每学期初的组会就是一个开脑洞的过程，除了安排各自的工作，大家还要说一下这个学期自己要做的个人的研究题目和目标，其他人如果有类似的经验或者资源就会帮忙出主意，我觉得这对于我们学习怎么提出 idea，然后怎么去落实这个 idea 很有帮助，我自己在做研究前也养成这样的习惯，一定会和实验室的人先讨论一下，往往会更有思路。"

海外学习经历也对博士生开阔视野、了解学习先进方法技术、感受国外科研氛围有着重要作用，12 位受访者中，有 4 位受访者主动提到自己在海外一流大学科研的经历，并表示这种学习深造的机会对于自己养成良好的科研习惯、提升科研能力和自信心有很大帮助。此外，跨学科交流与研究也对拓宽博士生学术视野非常有益，特别是从现代科学研究的特点来看，大团队作业的一个重要障碍就是这种学科组织壁垒的限制。必须进一步优化整合资源，推动科研组织模式创新，构建交叉学科领域的学习、研究、交流平台和信息渠道，围绕某一研究课题可以即时形成科研学术集群，为研究解决复杂问题和人才培养提供一个充满活力和弹性的研究空间。

然而，在本研究的调查中，博士生对科研训练环境的科研氛围与机会维度的评价是最低的。36%的博士生认为自己没有机会加入跨学科团队进行必要的研究；40%左右的博士生认为自己没有什么机会和本专业领域的优秀学者交流，也难以获得导师以外的其他教师的指导；60%左右的博士生认为难有机会申请海外学习交流。因此，对博士生所处环境的科研氛围与机会的反思是培养单位有关部门亟须的工作，尤其是院系作为博士生培养质量保障体系的核心基层组织，需要切实发挥其人才培养中的重要作用，积极搭建平台，为院系师生营造可以充分自由地交流

---

① 李晗冰、章小清，2018，《我们不需要仰望诺奖得主，而需要实干》，知识分子，http://www.zhishifenzi.com/depth/depth/4619.html。

讨论的研究氛围与文化，塑造优良学风。同时，学校也需要大力支持院系的相关工作，为院系提供信息资源服务和财力、智力的支援。

（3）科研资源与条件方面

科研资源条件作为博士生培养的硬环境，是博士生培养质量保障的基础环节，也是博士生科研生产力发展的前提条件。本次调查结果显示，博士生对科研资源与条件方面的环境评价是最高的，特别是有 80% 以上的博士生对能够获得的文献资料充足度感到满意，对科研场所空间感到满意的博士生也占 75% 左右。这与我国对高等教育的投入力度密切相关，尤其是数字信息资源的丰富为博士生在内的科研工作者的学习与交流提供了极大的便利。如图 6-1 所示，2013~2020 年，我国普通高校图书资产由 2213.01 百万册增长到 2856.08 百万册，增长了近 30%；信息化设备资产值由 90297.93 百万元增长到 193292.92 百万元，短短 7 年间翻了 1.14 倍。据统计，2005~2015 年，我国高等教育经费总投入增长了 1.7 倍，从 3524 亿元增加到 9518 亿元，年增长率平均为 10.58%。其中，政府投入从 1496 亿元增加到 5930 亿元，增加了 2.96 倍。年增长率平均为 15.16%（方芳、刘泽云，2018）。从 2007 到 2017 年，我国高等学校科技经费总额从 457 亿元增加到 1537 亿元，增长了 2.4 倍。其中，来自政府主管部门和其他部门专项费用从 197 亿元增加到 901 亿元，增长了 3.6 倍。[①] 可见，高等教育经费和高等学校科研经费的政府投入增长速度远远高于总体投入增长速度，高等教育经费的政府投入比重在不断增加。

虽然从宏观层面来看，教育经费与科技经费投入力度有了大幅增加，但从中观层面来看，六大区域教育经费与科技经费的地区分配差距悬殊（魏扣、熊家国，2011），从微观层面来看，生均教育经费还不足 OECD 国家和欧盟国家均值的一半（方芳、刘泽云，2018），且存在极为明显的省域差距。即便从本研究调查结果来看，部分培养单位还是存在科研资源条件不够充足、分配不够合理的情况，特别在不同学科之间尤为突出。最为明显的是人文社科类博士生对科研资源与条件的评价要

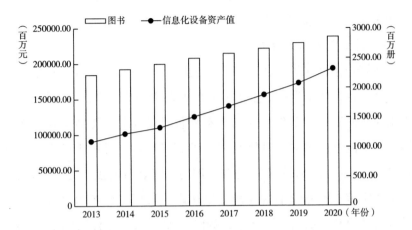

图 6-1　2013~2020 年普通高校图书资产与信息化设备资产值

资料来源：普通高校图书资产与信息化设备资产值数据整理自教育部网站 2013~2020 年间教育统计数据，http：//www.moe.gov.cn/jyb_sjzl/moe_560/2020/。

显著低于自然科学和工学博士生，很多人文社会学科的博士生由于缺少院系的公共学习空间，只能和本科生"抢占"图书馆、咖啡厅的自习位置或者在宿舍埋头研究，部分具有一定经济实力的社科类院系可以为博士生提供"工位"，但低年级博士生经常不具备申请的资格，即便理工类博士生也会存在排队轮候、抽签决定"工位"的情况。实际上，无论何种学科，博士生都需要适宜的学习研究空间，这不仅可以为博士生提供一个安心的环境，更可以加强博士生之间的日常交流和相互学习，对博士生的科研能力发展有很好的促进作用，对博士生的情绪疏导和心理健康也有重要意义。

参考日本国立大学关于设施空间利用的实践经验，研究生院在申请设立之初就需要向文部省提交招生人数、各类建筑设施与空间面积，确保教师和学生的人均建筑面积、人均教室、实验室、研究室使用面积能够保证教学与研究的秩序和质量。2004 年国立大学法人化改革以来，文部省开始鼓励大学开展有效利用设施空间的改革，主要内容是确保设施空间维护修缮费用的来源和对已有设施空间的再分配。例如广岛大学按不同学科、不同类型人员和人数，制定了各个学科专业的必要建筑使用面积（见表6-2），各类学科专业的师生的人均研究面积都有相应标准，保证了教职员和学生都有适宜的学习、研究和工作空间。

表6-2　日本广岛大学各单位标准使用面积

研究空间面积	教育空间面积		事务类房间面积	加算面积
	教室	实践教室		
理科（Ⅰ）75P＋40A＋19D＋14M＋2.5S	理科类：2D＋2M＋2S 文科类：2D＋2M＋2S	理科类：3.5S 文科类：0.5S	职员办公室：人均10m² 会议室：根据专业规模设置 资料室：教师数量50人以下为100m²；50人以上按每10人10m²加算	特殊实验室等
理科（Ⅱ）65P＋30A＋11D＋9M＋2.5S				
理科（Ⅲ）65P＋30A＋11D＋9M＋2.5S				
文科（Ⅰ）36P＋18A＋4D＋4M＋2.5S				
文科（Ⅱ）56P＋28A＋5D＋5M＋2.5S				
理科（Ⅰ）：理科（Ⅱ）、（Ⅲ）以外 理科（Ⅱ）：实验室比较少的研究 理科（Ⅲ）：实验室非必需的研究 文科（Ⅰ）：实验室非必需的研究 文科（Ⅱ）：实验室必需的研究	P：教授、副教授、讲师数 A：助教、助理数 D：博士生数 M：硕士生数 S：本科生（3年级、4年级）数			
其他：走廊、卫生间、设备室等				

资料来源：此表格内容翻译自日本广岛大学网站主页资料，https：//www.hiroshima-u.ac.jp/。

当然，日本等其他国家的高校与我国高校实际承担的功能空间和空间利用的费用分担机制不同，不能以此标准为依据来制定我国的人均使用面积标准。但这提示我们在今后的学科建设中，也需要考虑到不同学科的需求和学生的需求，在申请学位点时也应该参照教师数和招生数设置一定的建筑设施与空间面积标准，并且最大化地灵活利用高校和各院系空间，保证博士生能够在适宜的环境中学习和开展科研。

6.2 提升博士生科研自我效能

有策略地培养和提升科研自我效能是提高博士生科研生产力、促进个人发展的重要办法。结合自我效能的主要建构来源和博士生科研生产力发展模型的各个要素之间的关系，可以从以下几个方面着力培养博士生的科研自我效能。

第一，亲历性掌握经验是自我效能信息来源最有效的途径。因此，有必要进一步加大科研投入，改善科研条件，搭建科研平台，保证充足的实验设备和资源材料，使博士生能够有条件和机会尽早加入研究团队，参与科研活动，了解实际完整的科研活动中不同类型的任务、合作与分工、可能出现的困难等。在亲身操作经历中，博士生能够更准确地获得关于自身科研能力的认识，也能切实地掌握科研经验，从而加强自己能够完成科研任务、从事科研活动的信心。同时，加强博士生的成功体验，如鼓励博士生发表较高水平的学术成果、在学术会议等公开场合阐述观点等，也有利于博士生科研能力信念的提升。

第二，替代性经验是自我效能信息来源最普遍的方式。加入实验室、课题组等研究团队，博士生可以通过观察团队成员的科研行为和结果，形成对自己的科研行为与结果的预期，特别是观察与自己相似的榜样，如果榜样在研究过程中取得了成功，那么博士生的科研自我效能也会有所提高。所以，形成相互支持、有着良好的同伴效应的团队氛围对提升博士生科研自我效能非常有利。另外，榜样的示范方式和榜样自身的能力与权威性也是影响博士生观察替代性经验的重要因素。因此，如果导师能够针对博士生的个人特征，有策略地进行指导与示范，将有效提高博士生的科研自我效能判断，同时，导师在科研活动中的身体力行、以身立教等象征性示范，也会对博士生提高科研自我效能有极大帮助。

第三，言语说服能够进一步加强个体的效能信念。如果象征着权威性的导师或该研究领域的专家表达了鼓励、建议或成功性的暗示，那么博士生的科研能力信念会比较容易增强。在博士生培养过程中，适当对其给予信任和积极性评价，鼓励其在科研活动中承担任务、积极探索、在遇到困难时持续付出更多努力等，对提升博士生的科研自我效能有重要意义。当然，鼓动博士生投身超出其当下能力范围的研究也是不合适的，这也要求导师对博士生的科研兴趣和能力有基本的了解与判断，知人育人，帮助博士生循序渐进地进入科研"深水区"，逐步加大研究挑战度，使博士生的效能信念稳步上升。

第四，情绪与生理状态提供的信息也是个体判断自身能力的重要依据。一方面，需要为博士生营造一个良好的科研训练环境，融洽的师生关系、同伴关系、浓厚的研究氛围、充分的资源条件等环境因素能够使博士生产生积极乐观的情绪和身体状态，衍生对从事科研活动、完成科研任务的掌控感。另一方面，需要帮助博士生逐步克服负面情绪与生理状态，例如在其科研过程中感到挫败时，加强挫折教育，引导其正确面对失利、疏导情绪，不要让博士生将一时的失败全部归结于能力的缺失，进而丧失对科研能力的效能信念。尤其是随着博士生教育规模的不断扩大，博士生面临的学业压力、就业压力也不断加剧，2019 年，《自然》（Nature）一项调查结果显示，全球 36% 的博士生曾就学业压力造成的抑郁或焦虑寻求过帮助，而调查中的中国博士生这一比例更是高达40%。[①] 虽然适度的压力有助于维持个体正常活动，提高个体的适应能力，但是过度的、突然的或持久的压力则会对个体社会功能造成负面影响，也会导致博士生对自身的能力认识出现偏差，产生较低水平的自我效能甚至严重影响学业、危害身体健康。

第五，引导博士生正确自我认知、自我评价、自我调节。成熟个体的价值判断和评价过程是动态的、灵活的，也是高度分化的（罗杰斯、

---

① Woolston, C., S. O'Meara, 2019, Ph. D. students in China report misery and hope, https：// www. nature. com/articles/d41586-019-03631-z? utm_source = other&utm_medium = other&utm_ content = null&utm_campaign = JRCN_1_DD01_CN_NatureRJ_article_paid_XMOL.

弗赖伯格，2015）。博士生在科研活动中的认知与自我评价会根据所处环境、自身心理情绪、发展状态等发生变化，因此，需要引导博士生合理地认识自己、评价自己、形成最贴近自身实际能力的信念知觉，这是使自我效能作用发挥最大化的前提。

6.3　鼓励博士生适度参与课题项目

有研究统计，参加国家自然科学基金项目的博士生在学期间平均每人发表 5.19 篇论文，而未参加的博士生人均发表论文只有 3.69 篇（路宁等，2002）。课题项目可以说已经成为博士生培养的重要路径。以国家自然科学基金为例，2016 年结题的各类国家自然科学基金项目培养了大量博士生，并且博士生在各类项目人员组成中也占有相当大的比重。如 2016 年结题的近 1.5 万个面上项目共计培养博士生 3.7 万余名；1.4 万个青年科学基金项目共计培养博士生 6000 余名；近 2000 个地区科学基金项目共计培养博士生近千名。在各类国家自然科学基金项目人员组成中，面上项目和重点项目的博士生所占比重分别高达 23.86% 和 30.86%（见表6-3）。可见，仅国家自然科学基金项目就培养了如此大量的博士生，博士生已经成为科研项目的重要生力军，更勿论其他各级各类课题项目在博士生培养上的作用和覆盖范围。本次研究调查结果也充分显示了博士生已经广泛参与到课题项目当中，有 1/4 的博士生参与课题项目多达 5 项以上，而没有参与过课题项目的博士生仅占 14%。

表 6-3　2016 年国家自然科学基金各类项目结题数及培养博士生情况

资助项目类别	项目数（项）	培养博士生数（人）	人员组成中博士生比重（%）
面上项目	14965	37450	23.86
重点项目	6	27	30.86
重大项目	6	87	—
重大研究计划项目	411	2944	—

续表

资助项目类别	项目数（项）	培养博士生数（人）	人员组成中博士生比重（%）
青年科学基金项目	14052	6494	16.70
地区科学基金项目	1999	999	5.24
优秀青年科学基金项目	400	1815	—
国家杰出青年科学基金项目	198	2159	—
创新研究群体项目	123	6862	—

资料来源：数据整理自国家自然科学基金委员会年度报告与资助项目统计资料。

参与课题对博士生科研生产力的正向促进作用在第 5 章中已经过检验。参与课题项目能够促进博士生科研能力的全方面提升，也是博士生形成身份认同的必经过程。通过参与课题项目，博士生学习了大量科研知识与方法技能，例如文献的搜索阅读、科研方法的学习应用、对科研伦理规范的践行、对项目管理和团队合作的摸索等，对博士生发表学术论文和会议报告，以及学位论文的写作也都有显而易见的益处。

然而，现有的科教融合培育博士生的机制尚不成熟，还存在很多值得讨论的地方：第一，课题项目资源存在着明显的"贫富差距"。不同学科专业的不同导师获得课题项目的数量有着极大的差异，文科博士生导师获得的国家级课题的比例远远低于理科和工科博士生导师，工科博士生导师获得高等级科研项目的数目和比例都更大，但即便在同一学科领域也有明显的分化现象（罗尧成等，2009）。这就导致博士生参与课题项目的情况也呈现明显的"两极分化"：有的博士生苦于没有课题项目可加入，难以发表论文、无法毕业；有的博士生则抱怨自己参与太多课题，没时间做自己的研究或是"低级打工"。第二，部分博士生参与课题项目数量过多，存在疲于应付、参与深度不足的情况。参与课题项目对博士生虽有多种好处，但参与数量过多无疑会导致博士生参与深度和参与质量不佳、科研压力过高，严重的甚至会损害博士生与导师之间的关系，博士生埋怨导师拿自己当"苦力"，导师则诉苦博士生不够努力、不能吃苦。第三，课题项目与博士生个人研究的相关度不高。对于参与课题项目的博士生来说，很多人会借机选择与课题项目相关的研究方向作为自己的学位论文选题范围，也有不少博士生的学位论文就是课题项目的一部分。但是也有博士生的学位论文属个人研究，而与课题项目关联不大。而且对于参与了多项课题项目的博士生来说，很大可能会有部分课题项目与自己的研究相关度不高，这在帮助拓宽博士生的学术视野、了解前沿研究的同时，也是会致使博士生精力分散、应接不暇的一柄双刃剑。

访谈中，也有博士生抱怨"老板"只关注自己的科研项目，将博士生视为"廉价劳动力"，鼓励其出成绩，但是"多干活少给钱"，不关心博士生的未来发展。这种现象又被称为"剥削型导学关系"。在现有科研评价体系下，课题项目对博士生导师的重要性不言而喻，而参与课题项目同时也是博士生学习和积累科研经验，发表成果的最主要途径，因此出现了博士生同时参与多项课题的情况。本次调查中，博士生平均每人参与了3项课题，近1/4的博士生参与了5项以上课题，甚至有博士生参与了十余项课题，不免让人质疑这种横跨多个课题的做法是否真正有利于博士生的培养，是博士生自主的选择还是无奈之举，是真正对课题有所贡献还是只是"打酱油"。在现行博士生培养结构化、流水线化的局面中，依托课题项目培养博士生的做法已经成为常态，这也是博士生培养的重要路径和特征。但作为博士生培养的第一责任人，导师应该明确的是，不应将博士生作为廉价劳动力为自己打工，而是要借助博士生参与课题来实现对博士生的培养。博士生参与的课题是否对其科研知识能力提升有帮助，是否契合其研究兴趣和研究方向等等，都是导师需要考虑的问题。导学关系是一个复杂问题，导师主导因素、博士生主导因素都可能造成导学关系困扰和异化。博士生的课题参与作为抓手之一，非常值得导师和博士生双方共同努力、理性沟通，构建互利共赢的和谐师生关系。

针对上述问题，首先，培养单位需要逐渐完善并灵活利用科教融合育人的机制，为博士生能够参与课题研究提供保障。不少研究建议，没有研究课题的导师就不能带研究生，这一提议在部分培养单位已经开始实行。考虑到参与课题对博士生培养的重要性，这一建议有其合理之处，但"一刀切"还是有悖不同学科专业特性和人才培养个性的。为了破除这一难题，可以鼓励导师组和交叉领域的博士生培养方式，前者可以综合资深导师与年轻导师各自的优势，弥合有的导师项目过多缺少人手、有的导师少有项目难以为继的不足，后者则更可以进一步加强不同专业领域教师与学生的课题项目合作。日本政府自 2011 年开始实施的"博士生教育引领计划"即是鼓励大学以产学官共同参与的方式构建跨越专业领域界限的培养项目，培养解决社会现实问题的高级领导人才。例如东京大学的"社会设计与管理的全球领导者培养项目"由公共政策学研究生院牵头，来自法学政治学、经济学、工学、农学、新领域创造科学、医学、信息学等 9 个研究生院的 21 个专业共同参与，"共建具有活力的超高龄社会全球领导型人才培养项目"是由人文社会科学、教育学、法学、综合文化学、工学、农学、医学、新领域创造科学、信息理工学 9 个研究生院的 30 个专业共同参与。这样一来，不仅不同学科领域的教师之间的科研合作大大增强，学生也可以选择自己有兴趣并适合的课题加入。当然，这种培养方式的实现还面临着种种困难，但很可能这就是知识生产模型转型下未来高校人才培养的趋势，而且我国也有不少培养单位率先开始了类似的尝试。

其次，导师在博士生参与课题项目过程中应该发挥其"导"的角色作用，将博士生"分流导向"最适合他们、最能起到课题培养效果的任务岗位上去。这就要求导师秉持育人理念，要考虑到哪些博士生参与哪些课题项目、承担的责任如何，保障博士生参与课题的数量适度、深度适宜，参与课题的内容与个人研究契合（见图 6-2），有设计地使课题项目真正有效发挥博士生培养的效果，而非仅仅将博士生作为"廉价劳动力"，或者任由博士生在参与课题的过程中"自由生长"。当然，这对导师来说也是一项难度不小的挑战，因此需要培养单位为导师提供辅导和咨询服务，更需要导师不断反思和提升学生指导能力，平衡好课题项目数量与团队成员数量的关系，做好项目管理和团队管理。

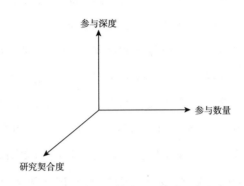

图 6-2　评估博士生课题参与效果的衡量维度

6.4　关注博士生培养过程中隐性知识的传递

此次研究调查显示，接近 80% 的博士生认为自己在学期间的科研知识技能得到了发展，但在管理沟通方面，博士生对自己的能力发展的评价都不是很高，只有 60%~70% 的博士生认为自己"管理科研项目的能力""团队合作能力"得到了发展。在科研产出方面，虽然有 99% 的博士生都表示自己所在培养单位要求博士生毕业前至少发表 1 篇文章，80% 的博士生所在的培养单位要求博士生毕业前要发表 2 篇甚至更多文章，但截至调查结束，实际仍有近 1/4 的博士生（二年级及以上）尚未发表过任何文章。当问到所在培养单位或院系是否有开设学术写作指导课程（或沙龙、讲座）及参加情况时，虽然八成以上的博士生都表示知道有类似学术写作指导的课程（或沙龙、讲座）的存在，但有三成左右的博士生从未参加过类似的指导活动。

在访谈中也有博士生表示，"就是头痛写论文，上次导师让写的文章前前后后改了快一年，最后导师实在没办法了说就这样投吧，幸亏内容好。后半句没说出来但意思就是我写得烂"（M1）。"我其实特别羡慕你们有课题组或者实验室的，大家在一起做可以相互讨论学习，人际方面能一直保持这种关系。我们都是自己做自己的，平时见面也就打个招呼，也很少深入讨论各自的研究，感觉以后毕业工作都不会和人打交道了"（M3）。长期以来，我国在博士生培养过程中比较专注于专业理论知识的学习和方法技术的训练，从调查结果来看，确实取得了不错的成果，大部分博士生对自身的知识与方法技术的发展比较认可。但培养过程中，对于博士生的科研项目管理与团队合作、职业社交网络构建、论文写作发表，甚至教学技能等的培养与熏陶还是有所欠缺的。

如果说，把专业理论知识、研究技术工具应用等可以在课堂实际教授的"硬实力"看作显性知识的话，那么，类似科研项目管理、团队合作、构建科研社交网络、论文写作出版等"软实力"可以看作科研学术领域的一种隐性知识，是一种可能连知识的拥有者和使用者也无法清晰表述的知识，但这种知识的获取却是研究生科研能力培养的重要途径（高耀丽，2006）。隐性知识难以通过语言、文字、符号等进行逻辑说明，也难以通过正规的形式在社会中传递，亦无法通过理性的过程进行批判性反思，具有非逻辑性、私人性和非批判性等特征，使得这类能力难以被有效传授，而多以非正式的方式被博士生习得。这种"非言述的知识""私人化的知识""非批判性的知识"（波兰尼，2000）经常被正规的教育所忽视。但这并不代表隐性知识不重要或其地位劣于显性知识，相反，隐性知识是一种非常重要的知识类型，它们实际上支配了人类的全部认识活动，可谓是人类获得显性知识的"向导"（石中英，2001）。我们所谓的科学从诞生之初的一种灵感知觉，到将其形式化成为可以言述的、可作为外部向导的符号形式体系，到成为被更广范围接受的公共信念，再到以此为基础产生新的灵感知觉的一系列过程中，隐性知识一直在其中发挥着决断性的作用。如何将一种直觉转化为语言、文字、符号可表述的形式？如何将这种形式用于实证检验？如何判断实证检验的结果？如何将实证检验的过程和结果向权威的共同体解释并获得其认可？这就类似于科研人员在科研活动中提出问题、选择合适的方法技术、判断一个研究的好坏以及什么时候应该停止研究、将研究结果公布并说服听众等，都需要隐性知识来帮助判断、选择和行动，而这些隐性知识通常不会出现在博士生的正式培养环节之中。而且，在波兰尼写作该书的时代，像现在一般广泛的团队作业尚未出现在科学研究领域，因此他推荐隐性知识的传递只能是以师徒制的方式，以徒弟对师傅的观察模仿和二人的口头交流的形式进行。但现如今，项目制、团体科研合作越来越成为科学研究的"主流"形式，这不仅意味着传统科学研究中的隐性知识又多了类似项目申请、项目管理与团队合作的相关内容，还使得博士生培养带有"批量化"生产的特点，传统的师徒对话、师傅带徒弟的培养方式已不再是唯一手段。

为了使科研过程中有着重要作用的隐性知识能够在博士生培养过程中有效传递，首先要努力使隐性知识"显性化"。实际上，隐性知识也是具有层次性的（见表6-4）。根据 Clement（1994）的划分，类似科研项目的申请、管理与合作以及科研成果发表所关联的隐性知识尚属于"能够意识到且能够通过言语表达的知识"这一层次，因而可以通过一定的设计使其"显性化"，例如院系通过举办一些讲座、沙龙或研讨性质的活动，使相关的经验在包括博士生在内的科研工作者之间传递。另外连同一些"能够意识到但不能通过言语表达的知识"甚至"无意识的知识"，则需要发挥导师或核心研究团队在隐性知识传递中的重要作用。因为隐性知识具有很强的情境性，它总是会依托某种特殊的情境而存在（波兰尼，2000）。在博士生培养的语境中，这种情境很有可能是实验室/课题组等研究团队的集体合作。在这一情境中，博士生通过模仿导师、其他研究成员如何管理研究项目、激励研究团队、发表研究成果、建立科研网络等，或是通过从导师、其他研究成员处获得个人传授等途径来习得这些隐性知识。因此，博士生的日常科研活动其实也是不断地习得隐性知识的过程，博士生的培养就是在这样的日常活动中进行的。

导师制是传递隐性知识的很重要的制度保障（方华梁、李忠云，

2009）。首先，导师需要意识到在与博士生的知识传递中，隐性知识占据了很大的比重，而且这些隐性知识牵涉着发现和确定研究问题、分析与解决问题、科学理论证实和成果认证等重要过程。所以，导师需要在博士生接受科研训练期间不断确认其掌握隐性知识的程度，通过对话交流来传递隐性知识。其次，则是在日常科研工作中亲身示范将自己如何选题、如何选择方法与技巧、如何判断结果的好坏以及研究何时应该结束、如何与其他科研工作者打交道和进行合作、如何形成科研成果并进行会议报告和投稿等，学生通过观察和模仿会逐渐形成对隐性知识的习得掌握。当然，除了象征权威的导师，博士生所在的实验室、课题组等核心研究团队成员也可以起到类似的作用。

表 6-4　博士生培养中的隐性知识层次

层次	内容	习得途径
（1）能够意识到且能够通过言语表达的知识	项目申请、管理与团队合作、论文写作发表、教学技能等	课程、讲座、研讨会、工作坊等
（2）能够意识到但不能通过言语表达的知识	如何选题、如何选择方法与技巧、如何判断结果的好坏以及研究何时应该结束	师生对话、观察模仿、实践
（3）无意识的知识		

除了导师和研究团队的指导与示范，博士生的亲身实践是习得这些隐性知识的重要来源。正如舍恩（2007）在《反映的实践者：专业工作者如何在行动中思考》一书中所表达的，正是经过重复性、实验性的活动，实践者才能逐渐建立起一个全面性的资料库。专业工作者在行动上的反应处理的背后，必定是基于对过往实践的反思而形成的知识。科研人员所从事的科研活动同样是一种专业工作，需要经过重复性、实验性活动而建立经验。当经验积累到一定程度时，就会形成一种无关程式化知识，而更多表现为一种直觉的隐性知识，这也就是波兰尼所说的"灵感知觉"。很多科学问题中的灵感、直觉甚至美感难以捕捉，更难以言述，无法像概念性知识、程序性知识一样在课堂传授或诉诸笔头，但这并不代表这些知识是虚无缥缈的，因为它们如此强烈地依赖个人

经验，因而只有通过大量的实践去获得。因此，博士生作为新上路的科研专业工作者，需要尽可能亲身参与科研活动的各个环节，积累各方面的经验，在不断地探索、试错与成功中建立起认知与行为模式，才能逐渐掌握科研活动中"难以明言的奥秘"。

6.5 延伸讨论：关于论文发表的毕业要求

撰写学术论文并发表是博士生科研训练过程中必须掌握的技能之一，也是被学术共同体承认与接纳、进入学术场域的必经之路。学术论文的写作与发表确实可以在很大程度上反映博士生的科研水平和培养质量。事实上，绝大多数的博士生对培养单位要求发表学术论文这一规定表示赞同（李兰、谢永生，2015），本次调查中也有 2/3 的博士生承认发表论文对自身科研水平的提高有帮助。而且，这一毕业要求实际上为博士生日后进入学术就业市场提供了"敲门砖"，是博士生寻找学术职位时的必备条件。但前文的实证分析结果也表明，不同学科领域、不同导师的课题项目获得数量有着非常大的差异，博士生参与课题数量也是两极分化严重，这将对博士生论文发表的机会与数量有着显著的影响。而且在调查中，有 1/4 的博士生所在培养单位要求博士生毕业前需发表 3 篇以上论文，有 1/3 的博士生认为培养单位关于论文发表的毕业条件难度过高。这也是导致当前博士生延期毕业现象多发的重要原因之一。加上一些学科领域本身成果产出周期长、高质量核心期刊的审稿与发表周期长、期刊容量有限、期刊因自身评价需要不愿接受学生来稿等现实状况，这些都需要培养单位经过仔细考察，制定更加合理有效的毕业要求，使论文发表这一对博士生个人发展本来有利的事情不至于适得其反。尤其是与学位授予"绑定"的论文发表要求，"逼迫"博士生热衷于"短平快"式的学术研究和"注水式"论文发表，不仅不利于厚植博士生专业基础（王保星，2020），而且与人才培养的初衷相违背，致使博士生丧失了对科研事业应具备的敬畏感，进而导致科研行为不端的事件频繁发生。是否要将论文发表作为博士生毕业的硬性条件？关于论文发表的篇数和期刊范围的限定是否合理？这还需要更多的讨论。

首先，博士生的一般培养年限为 3~4 年，其间除了研究、写作和投稿，期刊尤其是高质量的期刊的审稿与发表周期也占用了很长时间，对于规定了 3 篇、4 篇甚至更多论文的毕业条件来说确实非常有难度。以某"双一流"高校 A 大学为例，该校对于博士生申请学位前的学术论文发表要求为，在学期间需满足以下条件之一：①至少发表 1 篇高水平学术期刊论文；②至少发表 2 篇被 SCIE 或 SSCI 或 A&HCI 收录的学术论文；③至少发表或录用 3 篇核心学术期刊论文，且其中至少有 1 篇被 SCIE 或 EI 或 SSCI 或 A&HCI 收录；④人文与社会科学类博士生要求至少发表或录用 4 篇核心学术期刊论文，或满足前三项条件之一。有的高校不仅规定了各个学科需发表论文篇数的最低要求（多为 3~4 篇）和期刊收录情况，还进一步对期刊影响因子有详细要求。有研究计算了假如一高校规定每名博士生需发表 3 篇论文，则该高校限定的每期核心刊物上需要至少刊登该校博士生论文的概率高达 17%（孙莹，2006），而这几乎是不可能实现的，于是导致不少博士生为了发表论文而延期毕业，甚至催生了抄袭剽窃、一稿多投等学术失范现象和论文代写代发等灰色产业链条的出现。可以说，论文发表已经成为悬在博士生头上的"达摩克利斯之剑"，从博士生入学伊始便构成了其科研生涯的"不可承受之重"。

与此同时，就业市场也在"逼迫"博士生发表文章。近年来，博士生扩招步伐加快，高级学术就业市场逐渐呈现饱和状态，博士生进入学术场域所需缴纳的"入场费"越来越昂贵（袁同成，2012）。伴随着论文"入场费"行情的"水涨船高"，手中握有数量更多、影响因子更高的期刊论文的博士毕业生，在学术劳动力市场上的议价能力越高，论文逐渐成为学术劳动力市场的"硬通货"，与各类"帽子"般的人才称号一道将学术劳动力市场分割为不同就业环境。一级学术劳动力市场中的工作往往有更高的薪水、更多的晋升机会、更好的工作条件和更稳定的就业，而二级学术劳动力市场的工作往往薪酬低、缺少升迁机会、工作条件差、就业不稳定。这就意味着即便没有培养单位将论文发表作为毕业条件，希望从事学术职业的博士生们也会尽可能多地发表论文，以为谋求长期的学术职位获得"通行证"。

除了考察博士生的科研水平，论文发表作为毕业条件也与当前对学科、高校的评估体系有关，博士生发表尽可能多的文章对于培养单位及所在学科的评估活动乃至我国科技成果发展的表征有着不可忽视的作用。从院校组织的角度而言，通过将发表论文尤其是高水平论文作为博士生申请学位授予的前置性条件，对于院校组织提升学科与学校声誉，进而获取更多的资源十分有利。以近些年来国内讨论火热的大学排名为例，上海交通大学的世界大学学术排名（Academic Ranking of World Universities，ARWU）、泰晤士报高等教育增刊的世界大学排行榜（Times Higher Education World University Rankings，THE）、QS 世界大学排行榜（QS World University Rankings）和 US News 世界大学排行榜（US News Best Global University Rankings）这最具影响力的四大排名，无不将科研产出作为权重最高的指标。ARWU 的指标体系中科研成果的权重高达 40%，其中在《自然》（Nature）和《科学》（Science）上发表论文的折合数、被科学引文索引（SCIE）和社会科学引文索引（SSCI）收录的论文数量各占 20%；THE 的指标体系中与论文相关的指标权重达到了 38.5%（师均学术论文数 6%、篇均论文引用数 30%、国际合作论文比例 2.5%）；US News 指标体系中更是高达 60%（学术论文总数 10%、标准化论文引用影响指数 10%、总被引频次 7.5%、高被引论文数 12.5%、论文比例 10%、国际合作论文发表比例 10%）。论文产出对于提升大学排名的重要性由此可见一斑，而大学排名情况又往往被作为反映当下"双一流"建设成效的重要体现，"双一流"建设成效又进一步同经费支持等政府资源分配、优秀师资与生源流向紧密联系，所以论文产出也是院校组织躲不开的"魔咒"。从现实结果来看，因毕业要求而急需发表大量论文的博士生为院校组织贡献了不可小觑的力量。

例如，华东师范大学发布的研究报告显示，据不完全统计，博士研究生对本校的科研贡献率达到了 60% 以上。[①] 再如 2005~2015 年，中山大学入选 ESI 高被引论文数为 397 篇，其中博士研究生参与发表的有 146 篇，占该校十年内入选总数的 36.78%；该校作为第一单位完成的 203 篇论文中，博士生参与发表 94 篇，占比高达 46.31%；该校平均每篇高被引论文中有 13.2% 是博士生在读期间贡献的（许仪等，2017）。

至于博士生导师对待将发表论文作为博士生申请学位授予的前置性条件的态度则因师而异、因生而异。有的导师期待博士生可以传承"衣钵"进入学术职业，那么更多的论文发表就意味着博士生拥有更高水平的入场券和更多的议价权；但随着博士生教育规模的逐渐扩张，并非所有的博士生都具备足够的能力和素养从而"以学术为业"，有的博士生难以达到论文发表的学位授予申请标准，导师也因其所累，帮助其苦苦"凑论文"，却难以避免博士生延期乃至退学的命运；有的导师因为自身的科研项目、考核评价、荣誉评选等需要，敦促博士生尽可能多地发表论文，尤其是伴随着对于博士生培养经费筹措渠道多元化的倡导，在越来越多的研究型大学，导师的课题经费已经成为博士生培养经费的重要来源，每招收一名博士生，导师就要承担几万到十几万不等的培养经费，尽管这些经费中有相当比例源自纵向课题，亦即国家财政资源，但这仍旧加深了导学之间"老板"与"打工人"的身份印记，也不乏导师甚至将压力直接转嫁到博士生身上，出现恶意压榨、篡夺成果等行为，引发严重的导学矛盾。

另外，将论文发表作为博士生申请学位授予的前置性条件的合理性与合法性究竟如何？从合法性角度来看，《中华人民共和国学位条例》第五条规定，"高等学校和科学研究机构的研究生，或具有研究生毕业同等学力的人员，通过博士学位的课程考试和论文答辩，成绩

---

① 《我校发布〈学位与研究生教育质量报告（2012-2013 学年）〉》，华东师范大学网站，https：//portal1.ecnu.edu.cn/cas/login? service = http% 3A% 2F% 2Fnews.ecnu. edu.cn% 2F98% 2F44% 2Fc1833a38980% 2Fpage.psp。

合格，达到下述学术水平者，授予博士学位：（一）在本门学科上掌握坚实宽广的基础理论和系统深入的专门知识；（二）具有独立从事科学研究工作的能力；（三）在科学或专门技术上做出创造性的成果"。那么，其中"在科学或专门技术上做出创造性的成果"是否意味着博士生必须做出创造性的论文成果才能被授予学位呢？《中华人民共和国学位条例暂行实施办法》第十三条进一步指出"博士学位论文应当表明作者具有独立从事科学研究工作的能力，并在科学或专门技术上做出创造性的成果"。也就是说博士学位论文即可作为科学或专门技术上的创造性成果表征，所以现行的法规中并没有对博士学位授予做出论文发表的相关规定，也没有授权学位授予单位自行制定论文发表标准的有关内容。①

从合理性角度来看，如果说论文发表反映了博士生在学期间对科研知识与技能的综合应用能力和创新水平，故而将其作为申请学位授予的标准的话，那么对于这一标准理应具有同等的理解，至少在同等层次的培养单位之间应形成比较统一的标准。然而在实际执行中，对于博士生的论文发表往往是"学校有学校的要求，学院有学院的要求，导师有导师的要求"，甚至"层层要求、层层加码"。这虽然在一定程度上是为了规避"一刀切"风险，实现分类制定细则，初衷在于使论文发表要求尽可能符合不同学科领域的实际特点，但是从结果上来看，院校之间不一的论文发表要求，实际上折射出这一要求本就并未得到学界同行的广泛讨论和达成共识，也并非源自人才培养的根本需要。不仅如此，过高的论文要求还给博士生造成了严重的学业压力甚至心理压力。2019年《自然》杂志的一项调查结果显示，我国有 40% 的博士生曾就学业压力造成的抑郁或焦虑寻求过帮助，博士生群体深受论文发表困扰的现

---

① 2021 年 3 月 15 日，教育部发布的《中华人民共和国学位法草案（征求意见稿）》中第十八条具体标准为"学位授予单位应当根据本法规定的基本条件，结合本单位学术评价标准，制定具体的学位授予标准。学位授予单位的学位授予标准应当经本单位学位评定委员会审议通过并予以公布"。学位授予单位自行制定具体学位授予标准即将实现有法可依。

实状况亟待改善。

在长期的以追求"短、平、快"的成果导向评价行动下，科研评价结果与高校资源分配、教师职业发展绑定，由此将高校组织、教师一并裹挟其中，催生了对论文产出的竞相追逐，诱发了博士生培养"重结果轻过程，重发表轻育人"等不良倾向，严重背离了博士生教育立德树人的目标旨归与根本任务。如今，我国科研评价体系改革正在大力推进，2018 年 10 月，科技部联合五部门开展清理"唯论文、唯帽子、唯职称、唯学历、唯奖项"专项行动，在教育部发布的高校科技评价重点领域中，研究生毕业条件也在其列。2020 年 2 月，教育部、科技部印发《关于规范高等学校 SCI 论文相关指标使用　树立正确评价导向的若干意见》，明确指出"不宜以发表 SCI 论文数量和影响因子等指标作为学生毕业和学位授予的限制性条件"。同年 10 月，《深化新时代教育评价改革总体方案》业已发布，迫切需要以此为契机，打破"学术GDP"导向下博士生成长发展受论文支配的局面，扭转追逐短期功利主义的价值取向，回归科研发表训练在博士生教育中的育人功能本原。据不完全统计，目前已有包括清华大学、上海交通大学、中国政法大学、北京航空航天大学、华东师范大学、贵州大学等多所国内高水平大学陆续对博士学位授予的相关规定做出修订，在学校层面上取消将发表论文作为申请学位的前置性要求。当然这也引发了各界更多的讨论，诸如：如果取消论文发表要求，博士生毕业难度是否会因此降低？如何保证博士生培养质量？院校、国家的论文发表量是否会受到影响？等等。但这些讨论的前提本身并不成立。首先，被广泛诟病的并非论文发表，而是例如限定了详细的期刊范围、影响因子、篇数众多的过高的论文发表要求，即便前文提到的高校也绝非一刀切地彻底取消论文发表的有关条件。《中华人民共和国学位法草案（征求意见稿）》中已经明确授权学位授予单位，可以在规定的基本条件之上制定具体的学位授予标准。可以想见，在新的科研评价理念下，院校会结合各个学科的发展需要制定更具弹性的标准。而且，希望进入学术职业的博士生自然会在科研训练过程中主动地积累研究成果，所以论文发表并不会退出博士生培养过程。但随着学术劳动力市场的竞争日益激烈和不稳定性因素骤增，越来越多的博士生开始趋向于求职非学术职位，产业界、政府部门也越来越需要具有高水平专业技能和创新能力的人才。在就业多元化新局面下，强行要求所有博士生在短时间内发表多篇高水平论文已经无法适应今后的人才培养趋势，尽快实现学术学位与专业学位分类培养、分类制定学位授予标准迫在眉睫，否则只会得到大批博士生延期毕业以及大量"灌水论文"的双输结果。

其次，降低论文发表要求是否就无法保证博士生培养质量呢？学位论文本应是反映博士生理论知识、科研能力、创造能力的综合训练成果，但恰恰因为过去过于关注论文发表，反而对学位论文悄然放松了要求。2015 年抽检的 5379 篇博士学位论文中，"存在问题学位论文" 273篇，占总体抽检论文的 5.08%（中国学位与研究生教育发展年度报告课题组，2017）。博士学位论文是一个需要经过长时间打磨的艰苦工作，能够有效帮助博士生将研究过程与结果发现清晰呈现出来，为博士生提供了整理思路、深化认识、升华成果的过程。因此，不断加强对于博士生科研规范和科研写作的基本训练，注重学位论文写作与评审至关重要。除了学位论文评审这一出口，博士生课程考试、资格考试、中期考核等培养过程考核也是保证博士生培养质量的重要环节，而这些在现行培养过程中经常体现为一种"走过场"的行为。只有将过程评价的有关制度落到实处，对学业科研困难的博士生及时预警和分流，才能真正发挥博士生教育质量保障体系的整体作用，而非因论文发表而"一叶障目不见泰山"。

至于院校以及我国的论文发表量会否受到影响，目前我国 SCI 收录的论文数已稳居世界第二位且仍旧保持强劲的发展势头。根据科学技术部的统计，2019 年我国发表的被 SCI 数据库收录的论文数量达到了49.6 万篇，占世界总量的 21.5%，这是自 2009 年以来连续十一年位居世界第二位，仅次于美国的 59.0 万篇（占世界总量的 25.6%）（见图

6-3)。我国高校科研工作取得的高速发展和巨量成果，为今后高校科研战略的调整赢得了有利环境，也为科研的转型升级争取了更大的战略空间。这种新的形势自然也对今后的科研质量和博士生教育提出了更高、更迫切的要求（刘超等，2021）。近些年来，频繁传来国外期刊大规模撤稿中国学者论文的消息，甚至有 SCI 期刊出了一期增刊集中曝光 129 篇中国学者的论文，国内学者声誉及科研诚信遭到极大损害。科学研究依赖于研究者的内在志趣驱动和长期积累，通过短期内的压力迫使研究者快速大量发表论文只会炮制出大量科研垃圾和造就学术不端行为。我国建设科技强国、高等教育强国需要更多的原创性高水平论文，需要更多遵守科研伦理与规范的可靠成果，才能夯实基础，稳步发展，赢得国际学术同行的信任与尊重，推动我国科研与教育事业的实质性发展。

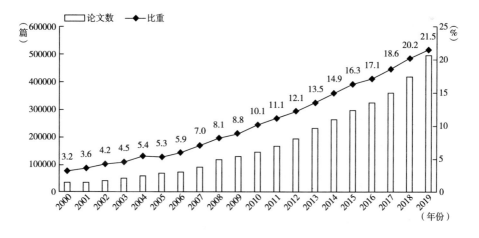

图 6-3　2000~2019 年 SCI 收录中国论文数及占世界总量比重

资料来源：《2019 年中国科技论文统计分析》，中华人民共和国科学技术部网站，http://www.most.gov.cn/xxgk/xinxifenlei/fdzdgknr/kjtjbg/kjtj2021/202106/P020210608383911826607.pdf。

　　尽管上文谈到将论文发表同博士生的学位授予"强制捆绑"的原因和种种弊端，但并不意味着否定论文发表对于博士生培养的重要意义。论文的写作与发表是培养博士生科研能力、检验博士生培养质量的重要手段，而不应被异化为博士生在校期间科研训练的全部目的。无论如何，我们期待在评价这个"指挥棒"发生变化之后，良性影响能够尽快传导至博士生培养过程中来。"鱼"的数量与大小不应夺走视线的全部焦点，是否实现了"授之以渔"才是博士生培养的关键。

第 7 章
总结与展望

7.1 主要结论

根据班杜拉的社会认知理论和自我效能理论，以及国外博士生科研生产力的相关研究基础，本书构建了由科研训练环境、科研自我效能与科研生产力构成的博士生科研生产力发展的理论框架。在借鉴国外量表工具的基础上，本书设计了博士生在校科研体验调查问卷收集数据，利用探索性因子分析得出变量的基本结构：科研训练环境包括科研指导与支持、科研氛围与机会、科研资源与条件这三个观测变量；科研自我效能包括知识技能效能和胜任力效能这两个观测变量。基于对博士生科研生产力概念的文献梳理和界定，采用了两种手段对其评估，一是测量博士生自我报告的科研能力发展，包括科研知识应用和科研活动推进两个观测变量，二是测量博士生的科研产出状况，由论文发表和会议报告这两个变量来衡量。

在对研究涉及的主要变量进行描述性分析和差异性分析之后，利用结构方程模型作为主要分析手段对理论模型和各条路径进行了检验。由于本研究对博士生科研生产力进行了自我报告的科研能力发展和科研产出两种测量，因此分别建立了模型一和模型二来分别进行检验。除了科研训练环境、科研自我效能与科研生产力三者之间的影响路径，本研究还探究了模型中的科研生产力和科研自我效能之间是否相互影响关系，检验了课题参与等中介变量的影响作用，从而进一步完善了理论框架。研究还探讨了学科变量、年级变量的调节作用，利用多群组分析检验了两个模型在不同学科、不同年级的博士生群体之间是否同样适用，影响路径和影响效应是否存在显著差异。最后，结合访谈分析对研究结果做出解释，提出了提升博士生科研生产力的相关策略。总体来看，本研究得出的主要研究结果有如下几方面。

（1）博士生培养环境需要优化升级，科研氛围与机会、科研指导与支持是着力点

调查中，博士生对科研训练环境中的硬件条件和导师指导的总体认可程度比较高，表明伴随我国对高等教育和科研的投入力度不断加大，大学的校舍环境、设备设施、文献资源、导师规模与指导水平等条件得到显著改善，为博士生培养提供了必要的基础环境。但同时，博士生对导师激发学术志趣、提供的科研职业发展规划建议和科研补助方面的评价明显偏低；博士生对课程研讨、跨专业交流合作、海外学习以及项目申请等科研氛围与机会的认可程度也相对偏低，而从因子载荷来看，科研氛围与机会、科研指导与支持恰恰是对科研训练环境解释力度最强的。说明博士生培养环境还需要进一步优化升级，尤其需要从科研氛围、博士生可获得的科研机会、指导与支持入手，着力改善博士生培养环境，从满足基本培养条件上升为能够适应新知识生产模式下人才培养需求的内涵式发展。

（2）博士生科研自我效能有待提升，尚未形成准确的自我认知

调查结果表明，对自身掌握的科研知识和技能有信心以及对能够如期获取学位、在科研中获得成功有信心的博士生比例普遍在 60%~70%，博士生的科研自我效能感并不算高。尤其是对于提出好的研究问题、团队合作开展研究、排除干扰专心研究等方面的效能感明显偏低。差异性分析进一步发现，女性博士生对科研知识技能的效能感显著低于男性博士生，人文社科博士生对科研知识技能的效能感要显著低于理工

农医等学科的博士生。然而，对比博士生的科研生产力发展情况来看，女性博士生的科研能力发展和科研产出并没有显著低于男性博士生，表明女性博士生对自身科研能力的认知判断可能有误，没有形成贴合实际情况的自我认知。也有一些受访者在访谈中传递了没有进行过全面的自我反思评价，对自身能力的信念判断可能存在过高或过低情况的信息。可见，博士生的自我认知与自我评价经常出现偏差，缺乏对自身能力的准确判断，科研自我效能水平有待提高。

（3）博士生科研生产力存在明显分化现象

从博士生的科研能力发展情况来看，博士生对自身的科研知识应用的评价普遍较高，但是对科研项目管理与团队合作能力发展的评价则相对较低，说明博士生的科研"软技能"有待提升。从博士生的科研成果来看，首先，调查发现博士生有着强大的科研生产力：要求博士生毕业前至少发表 2 篇论文的培养单位居多，而实际情况多已超出毕业条件的要求，即已发表超过 2 篇论文的博士生接近 1/2，并且 3/4 以上的博士生都已发表了至少 1 篇论文。其次，博士生在论文发表方面有明显的分化现象：没有发表论文的博士生和发表 5 篇以上的博士生都在 1/4 左右，而且，虽然 36.9% 的博士生没有发表过高水平论文，但有近 1/4 的博士生发表了 2 篇以上的高水平论文 2 篇，且已有博士生最多发表了 10 篇高水平论文。另外，在学术会议报告方面，有一半以上的博士生尚未在各类学术会议上报告过研究成果，但也有约 1/3 的博士生在国际会议上进行过口头报告。这样的结果说明，我国博士生群体中不乏高水平的拔尖创新人才，为我国的科研产出做出了巨量贡献，同时也有部分博士生可能面临着科研困境，博士生学业预警机制和分流退出机制亟待完善。

（4）改善科研训练环境、提升科研自我效能、鼓励博士生参与课题项目对博士生科研生产力发展有重要作用

结构方程模型分析结果表明，科研训练环境对科研自我效能（0.34）、科研能力发展（0.56）、会议报告（0.14）均有显著正向影

响；科研自我效能对科研能力发展（0.36）、论文发表（0.07）均有显著的正向影响且具有交互效应；课题参与对博士生科研能力发展（0.05）、论文发表（0.32）、会议报告（0.20）均有显著正向影响。可见，在博士生培养中通过改善科研训练环境，帮助博士生提升科研自我效能，鼓励博士生参与课题项目，可以有效促进博士生科研生产力的发展。而且借由博士生科研自我效能和科研生产力发展的交互效应，科研生产力的发展可以进一步促进科研自我效能的提高，从而形成博士生在科研活动中的正向反馈和良性循环。

7.2　主要建议

根据第 4 章描述性分析和第 5 章结构方程模型分析得出的主要结果，本书在第 6 章提出了从改善科研训练环境、提升科研自我效能、鼓励参与课题项目、关注隐性知识传递等入手，使博士生科研生产力得到发展提升的策略。将这些策略整合来看，可以从博士生培养组织（学校、院系）、以导师为核心的研究团队、博士生主体几个方面共同采取行动。

（1）营造鼓励创新的良好科研氛围，提供充分而自由的科研交流机会

本研究对于博士生科研生产力的路径分析结果显示，科研训练环境对科研自我效能、科研能力发展和会议报告均有显著的正向影响，尤其是科研氛围与机会、科研指导与支持这两项对科研训练环境的解释力度最强。也就是说，博士生感知到的科研氛围越浓厚，科研机会、科研指导与支持越充分，博士生对自身完成科研活动的信心就可能越强，进而科研能力越可能得到充分的发展和提升，可能有更多的机会参与学术会议并报告研究成果。但实际调查结果显示，博士生对科研训练环境中的科研氛围与机会、科研指导与支持的评价并不很高。因此，在博士生培养过程中，需要着力营造浓厚的、鼓励创新的科研氛围，提供充分的科

研学习交流机会，以导师为核心的科研团队要将育人理念根植于科研指导过程中，帮助博士生提高科研水平的同时，融入学术共同体、构建科研社交网络，这些都将对博士生科研生产力的提高有着重要影响。

专业学术活动对于博士生科研素养的养成和科研能力的提升有着重要意义，也是博士生实现学者社会化的重要载体。在各类讲座、研讨会、沙龙、工作坊等专业学术活动中，博士生可以聆听学习其他学者或同辈的经验和意见交流，了解专业的研究进展和发展趋势，磨炼科研方法与技能，提升学术沟通能力，扩展专业社交网络等，从而逐渐加深对专业的认识、形成专业认同并最终作为正式成员融入专业共同体。在这个社会化过程中，博士生对专业的最直接的感知是来自自己所在的院系组织。因此，院系在博士生培养过程中需要营造鼓励创新、平等交流的科研学术氛围，例如通过举办研讨类活动，邀请本领域专家与院系师生对话交流，向博士生展示并使其逐渐掌握共同体成员的学术交流方式；为博士生出席论坛会议等提供信息和资助，鼓励其参与各类创新竞赛和自主研究等。在一个鼓励创新文化、相互支持的科研氛围中，博士生会加深对专业的认同，对从事科研活动更加充满热情和信心，自身的科研生产力也会得到更加充分的发展。

在博士生培养的现实情况中，时常会出现海外或校外交流学习、联合培养、从事跨学科研究的诉求，然而这些诉求有时会难以顺利、及时实现。本次调查中，博士生对跨专业交流合作、海外学习以及项目申请等科研机会的认可程度相对偏低也证明了这一情况。事实上，这些涉及博士生合理流动的机会对其成长发展有着重要意义。一方面，在有着充分的交流机会、支持流动的环境中，博士生有机会了解其他机构或其他学科专业的前沿研究和发展动向，体验不同学科文化下的科研氛围，与其他机构或其他专业的研究者交流对话、建立科研学术交往网络，这些对于博士生扩展视野、选择研究方向与题目、提升科研水平、做出创新成果，以及学术身份认同和学术职业发展等诸多方面都有重要意义。另一方面，一个有着充分而自由的交流机会的环境可以给博士生敢于探索和"试错"的机会。科研生涯是一段漫长的旅途，博士生有时需要看过更多的风景才能确认最终的目的地，一时的方向偏误或是与"向导"的磨合不利不应成为无法到达终点的决定因素，博士生需要被允许拥有纠偏甚至中途"下车"的选择。2020年，《关于加快新时代研究生教育改革发展的意见》特别指出要进一步扩大直博生比例。与拥有硕士学位、初尝科研滋味的普博生不同，直博生在入学初对科研尚处懵懂状态，可能对自己选择的专业并未具有清晰的认识，因而更需要经历实验室轮转、海外或校外交流学习、联合培养或从事跨学科研究，在此之后，可能才会找到更适合自己的研究与发展方向，做出更多更好的成果。而且，直博生的培养年限一般在5~6年，如此更长的学制给其提供了更多体验不同研究方向的条件以及试错的机会。因此，不断扩大合作范围，构建跨国界、跨学科、跨机构的科研合作与学习交流网络，打破学科之间、机构之间的学术壁垒与制度障碍，构建人才培养的流动机制是我国教育研究事业和培养单位需要持续探索的课题，努力为博士生创造更多交流和选择的机会，为其科研生产力的发展提供有力支撑。

（2）以育人理念贯穿科研指导，构建共生成长的师生关系和团队关系

本研究中，科研指导与支持是解释科研训练环境的重要因素。导师是博士生社会化过程中最关键的角色，也是博士生在科研活动中最常效仿的榜样，导师的言传身教对博士生的科研生产力发展有着全方面的影响。教育部2018年初发布的《关于全面落实研究生导师立德树人职责的意见》明确指出，导师要"坚持教书和育人相统一""全过程育人、全方位育人，做研究生成长成才的指导者和引路人"。长期以来，导师的育人理念欠缺、师德师风建设缺位是导致近年来师生关系恶性事件频出的重要原因之一。因此，有必要明确导师立德树人、全方位育人的职责。本次研究中，受访博士生们也提出了他们对于"好的导师"的理解（见表6-1）。除了给予博士生科研指导之外，导师还需要培养博士生的学术志趣和科学规范，培养博士生的学术创新与实践创新精神，并

且对博士生的科研行为表现及时予以鼓励和支持，这种口头的鼓励、成功暗示会极大地增强博士生的科研自我效能，从而激发博士生投入科研任务之中。导师也需要加强对博士生的人文关怀，在日常交流中了解博士生在科研和生活中的困惑，与博士生分享自己的经验与心得，帮助博士生走出科研初期的泥泞地带。在这种非正式沟通中，系起师生之间相互信任的纽带关系，建立相互支撑、共生成长的师生"交往共生体"（陈亮、栾培中，2018）。

同时，导师的个人发展和榜样作用对博士生也是莫大的激励，因此，导师的成长发展以及导师在博士生培养和师生交往中的权益也需要得到重视和保障。尤其是随着博士生规模的不断扩张，仅靠导师个人的力量难以完美实现教学、科研、育人的职责，博士生培养的结构化特征已在欧洲多国显现（中国学位与研究生教育发展年度报告课题组，2017），博士生院、导师组联合指导等多种应对形式开始萌生并推广。因此，有必要首先加强科研团队在科研育人方面的作用，打破导师与博士生一对一的指导方式，通过多种手段鼓励团队中的其他教师与科研人员协同导师一道组成联合指导小组，对团队中的多名博士生进行共同指导，这也有助于科研团队内部形成相互支持的良好氛围，有利于各个成员和团队整体的共同成长。

近年来，我国不断加强研究生导师队伍建设，规范研究生导师岗位管理，陆续出台了《关于全面落实研究生导师立德树人职责的意见》《关于加强博士生导师岗位管理的若干意见》等文件，明确了博士生导师的首要任务是人才培养。但是，人才培养工作并非易事，而是一门复杂的学问。因此，必须不断完善导师培训制度，探索开设有效的导师培训项目。《关于加强博士生导师岗位管理的若干意见》中指出，"要将政治理论、国情教育、法治教育、导师职责、师德师风、研究生教育政策、教学管理制度、指导方法、科研诚信、学术伦理、学术规范、心理学知识等作为培训内容，通过专家报告、经验分享、学习研讨等多种形式，切实保障培训效果。"导师指导模式与风格多基于个人经验积累形成，或带有求学期间自己的导师的印记，可能尚缺少系统的反思与总结，而新晋年轻导师又缺少实际的指导经验，因此需要通过各类宣讲、交流研讨等多种形式的活动对导师群体开展培训，使导师深刻理解立德树人职责，掌握导学关系交往的规则与边界，交流分享指导与培育学生的体会与经验。由于不同属性学科的学生培养特点、不同职业阶段的导师的经验与困惑不尽相同，因此，高校可以结合实际调研情况明确培训需求，综合采用模块化学习、必修与选修相结合、线上线下相结合等灵活多元的形式，以提高导师培训的效果与效率。同时也需要进一步实现信息对称，开通导师反映意见的渠道，了解导师在博士生培养过程中的实际困难，协助导师更好地指导和支持博士生的成长与发展的同时，保障导师在博士生培养和导学关系中的合法权益。

（3）提倡反思评价和自我认知，引导博士生形成自我调节的良性循环

科研自我效能与科研生产力的相互影响关系在本研究中得到了部分验证：科研自我效能对科研能力发展具有显著正向影响，反之，科研能力发展对科研自我效能也具有显著正向影响；科研自我效能对论文发表具有显著正向影响，反之，论文发表对科研自我效能也具有显著正向影响。也就是说，科研自我效能和博士生的科研生产力构成一种正向的循环激励关系，博士生对自身能够完成科研任务的信心越高，其科研生产力越会得到提升，反过来，博士生的科研生产力的提升也会促进其对自身完成科研活动的信心程度。这种循环激励和正向反馈将有助于博士生科研生产力的提高。但这种循环激励建立在一项原则之下，即博士生这一学习者群体学习与科研活动中要时常进行反思性的自我评价，做出正确的自我认知。

科研自我效能作为一种博士生个体对自身科研能力信念的认知判断，能够使博士生综合衡量自身在科研方面的技能，帮助博士生形成认知与行为策略，从而影响博士生参与课题等实践行为和科研能力发展、科研成果产出等科研生产力的发展。但自我效能过高或过低，都会造成

博士生对自身能力的判断产生偏误，进而影响博士生参与科研活动的行为有效性。因此，有必要帮助博士生树立正确的自我认知。对博士生的阶段性学习与科研表现予以评价反馈是使博士生树立正确自我认知的一种辅助手段，这种评价反馈可以表现为课程作业、资格考试、中期考核、学位论文等制度性的正式考察考核手段，更多地则是以师生日常交谈、各类会议活动的成果汇报等非正式、非制度性的评价方式进行。同时，还需要引导博士生养成"三省吾身"的习惯，在科研活动中经常性地自我反思、自我评价，建立起最贴合其实际能力的自我效能认知，才能使博士生制定合理有效的科研活动策略，参与适合的课题项目研究，提升科研生产力的同时也促进了自我效能信念的判断，从而形成自我调节的良性循环。

（4）鼓励科教融合，不断探索以课题项目为载体的博士生培养机制

在模型一和模型二中，课题参与都发挥着显著的影响效应。诚然，即便科研训练环境再合适、科研自我效能再高，如果没有切身参与科研项目的实践过程，也很难使博士生的科研生产力得到切实的提升。通过参与课题，博士生可以掌握文献搜索和阅读、实验和软件使用等方法技能，可以了解更多的理论知识和前沿研究。除此以外，博士生还可以透过参与课题观摩导师与团队成员如何发现好的研究问题、管理科研项目和团队、发表和转化研究成果、建立科研关系网络等行为，习得科研活动中的"隐性知识"，从而提升自身的科研生产力。因此，将课题项目作为载体，探索科教融合的博士生培养机制具有非常重要的意义。

科教融合的本质是学者在"科研、教学、学习"的连续体中进行知识的发现和传授（王嘉铭、白逸仙，2018）。知识既包括可以言述的显性知识，也包括默会的、情境化的、个人化的隐性知识。科教融合的实现需要良好的教学科研环境与教师教学育人能力的共同支撑。一方面是将"科"融入"教"，例如将研究资料和发现融入教学之中，培养学生评论本学科研究的能力，培养学生的研究技能，在作业与教学环节中

涉及研究过程的诸要素（文献综述、项目投标、撰写招标书或课题大纲、分析数据、参加学术会议等），通过教学过程模拟研究过程等（Mick，2005）。这是博士生课程与硕士生、本科生课程的主要区别，也是博士生科研生产力形成与发展的基础阶段。

另一方面，更重要的是要完成"教"融入"科"，即在真实的科研实践活动中，包括师生在内的科研团队作为共同体，能够一同完成知识的发现与传递。博士生不仅可以从中习得科研知识和相关技能，产出研究成果，建立学术职业社交网络，还可以通过实际参与的过程获得缄默体会，形成知识生产的科研工作者的身份认同，完成从正式阶段向非正式阶段、个体内化阶段的过渡，从而实现博士生个人的专业社会化，并在这一过程中全面彻底地发展其科研生产力。为此，需要不断探索以课题项目为载体的培养机制，使博士生拥有亲身参与课题项目的机会和经历。在导师与科研团队拥有的课题项目数量不足以继续保证博士生培养的情况下，比起直接取消导师的招生权限，培养单位、院系和导师更需要提供宽松灵活的环境，支持博士生流动到其他单位组织或参与其他导师的课题项目，鼓励导师组和交叉领域博士生培养等方式。在导师与科研团队拥有的课题项目数量能够保证博士生培养的情况下，需要保障博士生参与课题的数量适度、深度适宜，参与课题的内容与个人兴趣、发展方向契合，鼓励博士生的创新研究和成果发表，充分发挥课题项目的人才培养作用，并支持运转完善的或跨学科的实验室、项目组发展为人才培养模式改革的平台。

7.3　创新之处

第一，对研究视角的创新。最近几年，国内外关于博士生教育的研究明显增多。但已有研究多从管理层面的视角出发，较多关注的是博士生教育的规模与结构、质量与评价、培养与管理等问题，鲜见从博士生主体认知发展特点出发进行的研究，而这恰恰是决定了博士生应该如何培养的关键性、根源性问题。本研究从博士生主体认知发展的视角切入，引入自我效能感这一心理学概念，探讨博士生的科研训练环境感知、科研自我效能对科研生产力影响的路径问题，是在前人研究基础上的比较新的尝试。

第二，对概念内涵与测量方法的探索。本研究通过调研个体科研生产力的相关研究，梳理了以定量、定性方法评价个体科研生产力的研究的利弊，并基于前人的研究界定了博士生科研生产力的内涵，论述了测量博士生科研生产力时需要综合考虑这一群体兼具学生和知识生产者的属性，从而通过博士生科研能力发展程度自评和科研产出计量两种手段对博士生科研生产力进行测量，后续研究可以在此基础上根据研究目的选择适合的测量手段。

第三，对博士生教育相关理论的丰富。目前关于博士生教育的研究虽有一定成果，但还非常缺乏理论方面的支撑。本研究尝试从心理学范畴的社会认知理论体系借鉴自我效能概念和理论，首次在科研训练环境、科研自我效能、科研生产力的关系模型中正式提出科研自我效能与科研生产力相互影响的假设，设计了非递归的理论模型并通过技术手段验证了这一假设，从而完善了博士生科研生产力发展的路径分析模型，可视为在理论层面的一点贡献和创新。

第四，对研究范围与应用的扩展。现有研究更多关注集体科研生产力问题，对个体科研生产力的研究相对有限，尤其以博士生为对象的个体科研生产力影响因素研究更是比较零散。国外对于博士生科研生产力研究的研究对象也多限于心理学领域，其结论是否能够推广还需要经过进一步验证。本研究以中国博士生为对象，调查对象覆盖了我国除军事学以外的全部学科门类。并搭建起从理论到应用的桥梁，详细解释了研究结果对现实中改善博士生科研训练环境、提升博士生科研生产力的实际指导作用，对博士生科研生产力研究范围与结果应用做出了扩展。

7.4 未来展望

本书针对博士生科研生产力的研究整体上还存在一些不足之处。首先，研究主要依赖于博士生自我报告的内容，数据来源比较单一。其次，研究采用的是方便抽样原则，调查对象自愿填答的方式，因此结果不一定具备足够的代表性，尤其在学校类型方面样本具有一定的有偏性。另外，本研究利用访谈资料进行的质性分析遵循的是顺序法原则，主要用于验证和解释定量分析结果，对于访谈资料的挖掘分析还存在深度不足的问题。在研究内容上，由于本研究集中于博士生视角出发的科研活动认知和体验，并采用了结构方程模型分析这样一种验证性分析手段，因此没有收集来自导师、院系与培养单位管理者的声音，也没有进行博士生家庭经济因素、导师个人背景因素方面的影响作用的检验，这可能影响到模型对博士生科研生产力的变异程度的总体解释力度。这些问题都是在今后的研究中需要着力解决和进行相应扩展研究的。

从数据获得方面来看，将丰富数据来源，更加完善抽样过程。进一步严格分层抽样过程，开展更广范围的针对博士生导师、博士毕业生、博士在校生的调查。同时，增加对博士生成果发表的检索结果数据，将博士生自我报告的结果同他评结果相结合，综合利用多角度的、多元主体的数据进行更加全面而系统的分析。

从研究方法来看，将扩充访谈对象，深度挖掘访谈资料，进一步丰富访谈资料，为博士生群体进行画像分析。利用扎根理论从访谈资料中生成概念和理论，探讨博士生的认知类型、生师互动类型等问题，从而进一步发挥质性材料的作用。另外，加入案例研究，选取拥有不同水平的科研生产力的博士生，深入剖析其经历中对科研生产力产生影响的要素和路径，从微观阐释出发，利用类型学研究方法做出超越个案的概括。

从研究内容来看，将纳入更多统计变量，充实完善博士生科研生产力发展的理论模型，对博士生科研生产力问题开展探索性分析，进一步实证分析博士生科研生产力发展的路径。并计划进行博士生科研学习发展与职业发展问题研究，探讨博士生的科研生产力发展同职业准备、职业选择、职业发展的关系。希望能够以博士生科研生产力问题为起点，形成博士生成长与发展的系统性研究。

参考文献

白华、黄海刚：《博士生学术创新力的影响路径模型研究——基于全国 1454 位博士研究生的实证调查数据》，《高教探索》2019 年第 6 期。

班杜拉，A.：《思想和行动的社会基础：社会认知论》，林颖译，华东师范大学出版社，2001。

班杜拉，A.：《自我效能：控制的实施》，缪小春译，华东师范大学出版社，2003。

包志梅：《博士生课程学习与科研活动关系密切度及其对科研能力的影响——基于对 48 所研究生院博士生的调查》，《学位与研究生教育》2021 年第 1 期。

包志梅：《跨学科博士生科研能力培养状况研究——基于 48 所研究生院的调查》，《中国高教研究》2020 年第 3 期。

比彻，托尼，保罗·特罗勒尔：《学术部落及其领地——知识探索与学科文化》，唐跃勤、蒲茂华、陈洪捷译，北京大学出版社，2008。

边国英：《科研过程、科研能力以及科研训练的特征分析》，《教育学术月刊》2008 年第 5 期。

波兰尼，迈克尔：《个人知识》，许泽民译，贵州人民出版社，2000。

陈亮、栾培中：《导师与研究生交往共生体的意义建构与路径保障》，《研究生教育研究》2018 年第 5 期。

方芳、刘泽云：《2005—2015 年我国高等教育经费投入的变化与启示》，《中国高教研究》2018 年第 4 期。

方华梁、李忠云：《对研究生培养机制改革中几个相关问题的认识》，《教育与职业》2009 年第 32 期。

高耀丽：《从默会知识的维度看研究生科研能力的培养》，《学位与研究生教育》2006 年第 1 期。

戈尔德，沃克：《重塑博士生教育的未来》，刘俭译，上海交通大学出版社，2015。

巩亮：《学术型硕士生学术活动影响机理研究》，中国矿业大学硕士学位论文，2016。

郝彤亮、杨雨萌、孙维：《博士生科研项目参与对科研创新能力影响的实证研究》，《高教探索》2020 年第 9 期。

洪大用：《为新时代研究生教育发展提供更好的智力支撑》，《学位与研究生教育》2020 年第 1 期。

克雷斯威尔，约翰·W.：《研究设计与写作指导：定性、定量与混合研究的路径》，崔延强译，重庆大学出版社，2007。

库恩，T.S.：《科学革命的结构》，李宝恒、纪树立译，上海科学技术出版社，1980。

李澄锋、陈洪捷、沈文钦：《中外联合培养经历对博士生科研能力增值及论文产出的影响——基于"全国博士毕业生离校调查"数据的分析》，《高等教育研究》2020 年第 1 期。

李澄锋、陈洪捷、沈文钦：《课题参与对博士生科研能力增值的影响——基于全国博士毕业生离校调查数据的分析》，《中国高教研究》2019 年第 7 期。

李澄锋、陈洪捷：《女博士生学术表现比男博士生好还是差？——基于全国博士毕业生调查数据的分析》，《研究生教育研究》2021 年第 1 期。

李锋亮、王云斌、何光喜：《什么因素影响了大学教师的学术发表》,《教育发展研究》2016 年第 11 期。

李兰、谢永生:《博士生申请学位时要求发表学术论文的问卷调查与分析》,《学位与研究生教育》2015 年第 6 期。

李文聪、何静、董纪昌:《国际合作与海外经历对科研人员论文质量的影响——以生命科学为例》,《管理评论》2018 年第 11 期。

李艳、马陆亭:《博士生培养质量与导师相关性的实证研究》,《国家教育行政学院学报》2015 年第 4 期。

李艳丽、王俊、胡涛、孟林:《构建以科研为导向的博士生选拔和激励机制——基于博士生科研绩效测度和影响因素的分析》,《学位与研究生教育》2014 年第 8 期。

李永刚、王海英:《理工科博士生科研能力的养成状况及其影响因素研究——基于对我国研究生院高校的调查》,《研究生教育研究》2019 年第 4 期。

李志、潘丽霞主编《社会科学研究方法导论》,重庆大学出版社,2012。

梁社红、刘艳、朱婉儿、祝一虹:《导学关系困扰类型分析及对策研究》,《学位与研究生教育》2018 年第 5 期。

梁文艳、周晔馨:《社会资本、合作与"科研生产力之谜"——基于中国研究型大学教师的经验分析》,《北京大学教育评论》2016 年第 2 期。

蔺玉:《博士生科研绩效及其影响因素的实证研究》,中国科学技术大学博士学位论文,2012。

刘超、沈文钦、李曼丽:《科研"松绑"与质量升级——试论博士生教育的新形势与新要求》,《学位与研究生教育》2021 年第 2 期。

刘成科、孔燕:《博士生科研自我效能感的现状调查及提升策略》,《研究生教育研究》2017 年第 6 期。

刘贤伟、高飞、邹洋:《我国联合培养博士生的演进、向度与展望——基于巴斯德象限的视角》,《中国高教研究》2021 年第 1 期。

路宁、王亚杰、胡天军、王成红、张香平：《国家自然科学基金在研究生培养中的作用及相关问题研究》，《中国科学基金》2002 年第 6 期。

罗杰斯，卡尔，杰罗姆·弗赖伯格：《自由学习》，王烨晖译，人民邮电出版社，2015。

罗尧成、朱永东、杨扬：《我国高校博士生参与课题的现状分析及研究建议——基于三所"985 工程"高校调查问卷的统计》，《复旦教育论坛》2009 年第 6 期。

罗英姿、陈小满、李雪辉：《基于培养过程的博士生科研绩效提升策略研究》，《教育发展研究》2018 年第 9 期。

马永红、吴东姣、刘贤伟：《师生关系对博士生创新能力影响的路径分析——学术兴趣的中介作用》，《清华大学教育研究》2019 年第 6 期。

马永红、杨雨萌、高飞：《高端平台培育博士生创新能力的机制及优势——社会资本和知识共享的视角》，《中国高教研究》2020 年第 7 期。

彭安臣、沈红：《博士生资助与博士生培养质量——基于 12 所大学问卷调查数据的实证分析》，《学位与研究生教育》2012 年第 7 期。

秦安安、刘铁钢、王悦、赵世奎：《研究型大学博士生在国家科学技术奖励中的贡献初探》，《学位与研究生教育》2020 年第 11 期。

邱勇：《一流博士生教育体现一流大学人才培养的高度》，《光明日报》2017 年 12 月 5 日。

舍恩，唐纳德·A.：《反映的实践者：专业工作者如何在行动中思考》，夏林清译，教育科学出版社，2007。

沈文钦、金帷：《博士生联合指导制度的全球扩散：20 世纪 80 年代以来的分析》，《中国高教研究》2020 年第 12 期。

沈文钦、毛丹、蔺亚琼：《科研量化评估的历史建构及其对大学教师学术工作的影响》，《南京师大学报》（社会科学版）2018 年第 5 期。

石中英：《缄默知识与教学改革》，《北京师范大学学报》（人文社会科学版）2001年第3期。

孙卉、张田：《女性博士研究生的性别压力及其疏解——基于质性研究的发现》，《研究生教育研究》2020年第3期。

孙莹：《评高校对博士生发表论文的要求》，《技术与创新管理》2006年第4期。

汪卫平、袁晶、杨驹、刘河清：《女性读博的满意度真的更低吗？——基于〈自然〉2019年全球博士生调查数据的实证分析》，《高教探索》2021年第7期。

王保星：《博士研究生基础厚植与博士学位论文创新》，《中国高教研究》2020年第7期。

王传毅、杨佳乐、辜刘建：《博士生培养质量及其影响因素研究——基于Nature全球博士生调查的实证分析》，《宏观质量研究》2020年第1期。

王海迪：《学术型博士生抱负与科研能力关系的实证研究——基于我国研究生院高校的分析》，《高等教育研究》2018年第1期。

王姮：《导师指导与研究生学术表现的关系研究》，西南大学硕士学位论文，2015。

王嘉铭、白逸仙：《培养一流人才：以科教融合实现人才培养模式变革》，《高校教育管理》2018年第3期。

王楠楠、李天鹰：《博士生培养环境对培养质量影响的实证研究——基于研究机会的中介作用》，《研究生教育研究》2016年第2期。

王小丽、凌长臣、周明：《博士生教育环境的分析与评估》，《上海教育评估研究》2013年第3期。

王雅静、田庆锋、蔡建峰：《研究训练环境与导师支持对博士生科研产出的影响机理探析》，《西北工业大学学报》（社会科学版）2015年第3期。

王燕华：《从工具理性走向交往理性——研究生"导学关系"探

析》，《研究生教育研究》2018 年第 1 期。

魏扣、熊家国：《高等教育经费分配存在的问题及解决对策》，《教育学术月刊》2011 年第 4 期。

温忠麟：《心理与教育统计（第 2 版）》，广东高等教育出版社，2016。

吴明隆：《问卷统计分析实务》，重庆大学出版社，2010。

吴明隆：《结构方程模型：AMOS 的操作与应用》，重庆大学出版社，2009。

肖军：《教育研究中的文献法：争论、属性及价值》，《当代教育理论与实践》2018 年第 4 期。

徐贞：《理工科博士生入学动机及其对学术表现、就业偏好的影响——基于全国 35 所研究生院高校的调查》，《中国高教研究》2018 年第 9 期。

许仪、王晗、郑华：《研究型大学博士研究生对 ESI 高被引论文发表的贡献初探——以中山大学自然科学类学术型博士研究生为例》，《研究生教育研究》2017 年第 6 期。

阎光才：《谨慎看待高等教育领域中各种评价》，《清华大学教育研究》2019 年第 1 期。

杨洋：《科研训练环境对研究生科研自我效能感的影响》，华中师范大学硕士学位论文，2017。

姚东瑞：《密切校企合作 提高地方高校科研生产力》，《中国高等教育》2009 年第 18 期。

袁本涛、李莞荷：《博士生培养与世界一流学科建设——基于博士生科研体验调查的实证分析》，《江苏高教》2017 年第 2 期。

袁康、汤超颖、李美智、詹佳硕：《导师合著网络对博士生科研产出的影响》，《管理评论》2016 年第 9 期。

袁同成：《我国博士生的论文发表惯习考察：基于"入场费"的视角》，《贵州社会科学》2012 年第 2 期。

袁玉芝：《国内外高校教师科研生产力测量比较研究》，《世界教育信息》2014 年第 3 期。

张存群、马莉萍：《学术活跃度与博士生学术产出的实证分析——以中国某研究型大学为案例》，《研究生教育研究》2013 年第 6 期。

张振林、任令涛：《参与学术创业对工科博士生教育的影响探析》，《研究生教育研究》2021 年第 1 期。

赵婀娜、张烁、吴月：《从小到大，从弱到强，我国 2020 年研究生在学人数预计突破 300 万——为高质量发展提供智慧引擎》，《人民日报》2020 年 7 月 29 日。

赵磊磊、代蕊华、伍红林：《博士生学术成长与导师支持：现状特征及路径关系》，《学位与研究生教育》2020 年第 8 期。

赵世奎、沈文钦、张帅：《博士生学术生产力的国际比较研究》，《学位与研究生教育》2012 年第 7 期。

中国学位与研究生教育发展年度报告课题组：《中国学位与研究生教育发展年度报告》（2017），高等教育出版社，2019。

中国学位与研究生教育发展年度报告课题组：《中国学位与研究生教育发展年度报告》（2016），高等教育出版社，2017。

周川淇、张莉莉：《理工科在读女博士的学术主体性发展探析》，《中华女子学院学报》2020 年第 5 期。

周全、汤书昆：《博士生视角下和谐导学关系构建关键要素探析——基于学生微博自我表露数据的研究》，《研究生教育研究》2016 年第 4 期。

Abramo, G., Ciriaco, A. D., 2014, "How do You Define and Measure Research Productivity?" *Scientometrics* 101: 1129-1144.

AKerlind, G. S., 2005, "Academic Growth and Development-How do University Academics Experience it?", *Higher Education* 50 (1): 1-32.

Aksnes, D. W., 2012, *Review of Literature on Scientists' Research Productivity: en Studie inom IVAs Projekt Agenda för forskning*, Pelle Isaksson &

Anna Lindberg, IVA.

Albert, C., Davia, M. A., Legazpe, N., 2016, "Determinants of Research Productivity in Spanish academia", *European Journal of Education* 51 (4): 535-549.

Allison, P. D., Long, J. S., 1990, "Departmental Effects on Scientific productivity", *American Sociological Review* 55 (4): 469-478.

Allison, P. D., Stewart, J. A., 1974, "Productivity Differences among Scientists: evidence for Accumulative advantage", *American Sociological Review* 39 (4): 596-606.

Anderson, J. C., 1994, "Factors that Influence Research Productivity in Physical Therapy Academic Departments", Ph. D diss., University of Illinois at Chicago.

Behymer, C. E., 1974, "Institutional and Personal Correlates of Faculty Productivity", Ph. D. diss., The University of Michigan.

Bieschke, K. J., Bishop, R. M., Garcia, V. L., 1996, "The Utility of the Research Self-efficacy Scale", *Journal of Career Assessment* 4 (1): 59-75.

Biglan, A., 1973, "Relationships between Subject Matter Characteristics and the Structure and Output of University Departments", *Journal of Applied Psychology* 57 (3): 204-213.

Blackburn, R. T., Behymer, C. E., Hall, D. E., 1978, "Research Note: Correlates of Faculty Publications", *Sociology of Education* 51 (2): 132-141.

Blackburn, R. T., 1974, "The Meaning of Work in Academia", *New Directions for Institutional Research* (2): 75-99.

Bland, C. J., Center, B. A., Finstad, D. A., Risbey, K. R., Staples J. G., 2005, "A Theoretical, Practical, Predictive Model of Faculty and Department Research Productivity", *Academic Medicine* 80 (3): 225-237.

Blume, S. S., Sinclair, R., 1973, "Chemists in British Universities: a Study of the Reward System in Science", *American Sociological Review* 38 (1): 126-138.

Bowen, Z., 1985, "Faculty incentives: Some practical keys and practical examples", *New Directions for Higher Education* (51): 33-43.

Braxton, J. M., Bayer, A. E., 1986, "Assessing faculty scholarly performance", *New Directions for Institutional Research* (50): 25-42.

Braxton, J. M., Toombs, W., 1982, "Faculty uses of doctoral training: consideration of a technique for the differentiation of scholarly effort from research activity", *Research in Higher Education* 16 (3): 265-282.

Broad, W. J., 1981, "The publishing game: getting more for less", *Science* 211 (4487): 1137-1139.

Brown, S. D., Lent, R. W., Ryan, N. E., 1996, "Self-efficacy as an intervening mechanism between research training environments and scholarly productivity: A theoretical and methodological extension", *The Counseling Psychologist* 24 (3): 535-544.

Cañibano, C., Otamendi, J., Andújar, I., 2008, "Measuring and assessing researcher mobility from CV analysis: the case of the Ramóny Cajal programme in Spain", *Research Evaluation* 17 (1): 17-31.

Center, D. B., Obringer, S. J., 1984, "Variables affecting productivity in special education researchers", *Teacher Education and Special Education* 7 (4): 215-220.

Centra, J. A., 1983, "Research productivity and teaching effectiveness", *Research in Higher Education* 18 (4): 379-389.

Chiang, K., H., 2003, "Learning experiences of doctoral students in UK universities", *International Journal of Sociology and Social Policy* 23, 4-32.

Christina, E. S., 1997, "Becoming a Teacher at a Research University", *Rhythms of Academic Life: Personal Accounts of Careers in Academia*, by Frost,

P. J. , London: SAGE Publications, pp. 61-72.

Clement, J., 1994, Use of physical intuition and imagistic simulation in expert problem solving. 转引自高耀丽《从默会知识的维度看研究生科研能力的培养》,《学位与研究生教育》2006 年第 1 期。

Clement, R. W., Steven, G. E., 1989, "Performance appraisal in higher education: comparing department of management with other business units", *Public Personnel Management* 18 (3): 263-278.

Cole, J. R., Zuckerman, H., 1984, *The productivity puzzle: Persistence and change in patterns of publication of men and women scientists*, Greenwich: JAI Press.

Cole, S., Cole, J. R., 1967, "Scientific output and recognition: a study in the operation of the reward system in science", *American Sociological Review* 32 (3): 377-390.

Collins, B. A., 1993, "A review and integration of knowledge about faculty research productivity", *Journal of professional nursing* 9 (3): 159-168.

Crane, D., 1965, "Scientists at major and minor universities: a study of productivity and recognition", *American Sociological Review* 30 (5): 699-714.

Creswell, J. W., 1985, *Faculty research performance: lessons from the sciences and the social sciences.* Washington: Association for the Study of Higher Education.

Crompton, J. L., 2005, "Issues related to sustaining a long-term research interest in tourism", *Journal of Tourism Studies* 16 (2): 34-43.

Dabney, K. P., Tai, R. H., 2013, "Female physicist doctoral experiences", *Physics Education Research* 9 (1). Accessed April 15, 2022, 010115.

Deci, E. L., Ryan, R. M., 2004, "Intrinsic motivation and self-determination in human behavior", *Encyclopedia of Applied Psychology* 3 (2):

437-448.

Dundar, H., Lewis, D. R., 1998, "Determinants of research productivity in higher education", *Research in Higher Education* 39 (6): 607-631.

Faghihi, F., Rakow, E. A., Ethington, C., 1999, "A study of factors related to dissertation progress among doctoral candidates: Focus on students' research self-efficacy as a result of their research training and experiences", *Academic Advising* (59): 27.

Ferguson, T., 2009, "The 'Write' Skills and More: A Thesis Writing Group for Doctoral Students", *Journal of Geography in Higher Education* 33 (2): 285-297.

Finkelstein, M., 1982, "Faculty colleagueship patterns and research productivity", *College Faculty* (1): 42.

Florence, M. K., Yore, L. D., 2004, "Learning to write like a scientist: Coauthoring as an enculturation task", *Journal of Research in Science Teaching* 41 (6): 637-668.

Folger, J. K., Astin, H. S., Bayer, A. E., 1970, *Human resources and higher education: staff report of the commission on human resources and advanced education*, New York: Russell Sage Foundation.

Forester, M., Kahn, J. H., Hesson-McInnis M S. 2004. "Factor structures of three measures of research self-efficacy." *Journal of Career Assessment* 12 (1): 3-16.

Fox, K. J., Milbourne, R., 2010, "What determines research output of academic economists?" *Economic Record* 75 (3): 256-267.

Fox, M. F., 1983, "Publication productivity among scientists: a critical review", *Social Studies of Science* 13 (2): 285-305.

Freedman, R. D., Stumpf, S. A., Aguanno, J. C., 1979, "Validity of the course-faculty instrument (CFI): intrinsic and extrinsic variables",

Educational and Psychological Measurement 39 （1）：153-158.

Gardner, S. K., 2008, "What's Too Much and What's Too Little?：The Process of Becoming an Independent Researcher in Doctoral Education", *The Journal of Higher Education* 79 （3）：326-350.

Garfield, E., 1979, "Is citation analysis a legitimate evaluation tool?" *Scientometrics* 1 （4）：359-375.

Gaston, J., 1970, "The Reward System in British Science", *American Sociological Review* 35 （4）：718.

Gelso, C. J., Betz, N. E., Friedlander, M. L., Helms, J. E., Hill, C. E., Pattan, M. J., Super, D. E., Wampold, B. E., 1988, "Research in counseling psychology：Prospects and recommendations", *The Counseling Psychologist* 16 （3）：385-406.

Gelso, C. J., Mallinckrodt, B., Judge, A. B., 1996, "Research training environment, attitudes toward research, and research self-efficacy：The revised Research Training Environment Scale", *The Counseling Psychologist* 24 （2）：304-322.

Gelso, C. J., 2006, "On the making of a scientist-practioner：A theory of research training in professional psychology", *Professional Psychology：Research and Practice* 24 （4）：468.

Girves, J. E., Wemmerus, V., 1988, "Developing models of graduate student degree progress", *Journal of Higher Education* 59 （2）：163-189.

Greeley, A. T., Johnson, E., Seem, S., Braver, M., Dias, L., Evans, K., 1989, "Research self-efficacy scale." Unpublished scale, cited in Forester, M., Kahn, J. H., Hesson-McInnis. M. S., 2004, "Factor structures of three measures of research self-efficacy", *Journal of Career Assessment* 12 （1）：3-16.

Green, R. G., Hutchison, E. D., Sar, B. K., 1992, "Evaluating scholarly performance：The productivity of graduates of social work doctoral programs", *Social Service Review* 66 （3）：441-466.

Green, S. G., Bauer, T. N., 1995, "Supervisory mentoring by advisers: Relationships with doctoral student potential, productivity, and commitment", *Personnel Psychology* 48 (3): 537-562.

Gururaj, S., Heilig, J. V., Somers, P., 2010, "Graduate Student Persistence: Evidence from Three Decades", *Journal of Student Financial Aid* 40 (1): 31-46.

Hagstrom, W., 1971, "Inputs, outputs, and the prestige of university science departments", *Sociology of Education* 44 (4): 375-397.

Hall, L. A., Burns, L. D., 2009, "Identity development and mentoring in doctoral education", *Harvard Educational Review* 79 (1): 49-70.

Hegarty, N., 2011, "Adult learners as graduate students: Underlying motivation in completing graduate programs", *Journal of Continuing Higher Education* 59 (3), 146-151.

Hirsch, J. E., 2005, "An index to quantify an individual's scientific research output", *Physics and Society*. https://arxiv.org/abs/physics/0508025.

Holland, J. L., 1995, "Making vocational choices: A theory of vocational personalities and work environments", *British Journal of Guidance & Counselling* (1): 153-154.

Hollingsworth, M. A., Fassinger, R. E., 2002, "The role of faculty mentors in the research training of counseling psychology doctoral students", *Journal of Counseling Psychology* 49 (3): 324.

Ivankova, N. V., Stick, S. L., 2007, "Students' Persistence in a Distributed Doctoral Program in Educational Leadership in Higher Education: A Mixed Methods Study", *Research in Higher Education* 48 (1): 93-135.

Jacobs, F. A., Hartgraves, A. L., Beard, L. H., 1986, "Publication productivity of doctoral alumni: a time-adjusted model", *Accounting Review* 61 (1): 179-187.

Kahn, J. H., Scott, N. A., 1997, "Predictors of research productivity and science-related career goals among counseling psychology doctoral students", *The Counseling Psychologist* 25 (1): 38-67.

Kamler, B., 2008, "Rethinking doctoral publication practices: Writing from and beyond the thesis", *Studies in Higher Education* 33 (3): 283-294.

Katila, S., Meriläinen, S., 1999, "A Serious Researcher or Just Another Nice Girl?: Doing Gender in a Male-Dominated Scientific Community", *Gender Work & Organization* 6 (3): 163-173.

Keck, A. S., Sloane, S., Liechty, J. M., Fiese, B. H., & Donovan, S. M., 2017, "Productivity, impact, and collaboration differences between transdisciplinary and traditionally trained doctoral students: a comparison of publication patterns", *PLoS ONE*, 12 (12). Accessed April 15, 2022, e0189391.

Kim, K., Karau, S. J., 2009, "Working environment and the research productivity of doctoral students in management", *Journal of education for business* 85 (2): 101-106.

Lambie, G. W., Hayes, B. G., Griffith, C., Limberg, D., Mullen, P. R., 2014, "An exploratory investigation of the research self-efficacy, interest in research, and research knowledge of Ph. D. in education students", *Innovative Higher Education* 39 (2): 139-153.

Lambie, G. W., Vaccaro, N., 2011, "Doctoral counselor education students' levels of research self-efficacy, perceptions of the research training environment, and interest in research", *Counselor Education and Supervision* 50 (4): 243-258.

Lee, S., Bozeman, B., 2005, "The impact of research collaboration on scientific productivity", *Social studies of science* 35 (5): 673-702.

Leijen, Ä., Lepp, L., Remmik, M., 2015, "Why did I drop out? Former students' recollections about their study process and factors related to leaving the doctoral studies", *Studies in Continuing Education*, DOI: 10. 1080/ 0158037X. 2015. 1055463.

Lokman, I. M., Diane, H. S., 2010, "Citation ranking versus peer evaluation of senior faculty research performance: A case study of Kurdish scholarship", *Journal of the American Society for Information Science and Technology* 51 (2): 123-138.

Long, R. G., Bowers, W. P., Barnett, T., White, M. C., 1998. "Research productivity of graduates in management: Effects of academic origin and academic affiliation", *Academy of Management Journal* 41 (6): 704-714.

Madan-Swain, A., Hankins, S. L., Gilliam, M. B., Wolfe, K. R., 2012, "Applying the cube model to pediatric psychology: development of research competency skills at the doctoral level", *Journal of Pediatric Psychology* 37 (2), 136-148.

Manis, J. G., 1951, "Some academic influences upon publication productivity", *Social Forces* 29 (3): 267-272.

Marsh, H. W., Overall, J. W., 1979, "Validity of students' evaluations of teaching: A comparison with instructor self evaluations by teaching assistants, undergraduate faculty and graduate faculty", Paper read at the annual meeting of the American Educational Research Association. (ERIC Document Reproduction Service No. ED177205).

Meltzer, L., 2010, "Scientific productivity in organizational settings", *Journal of Social Issues* 12 (2): 32-40.

Meltzer, E. O., Bernard, N., 1949, "The Productivity of Social Scientists", *American Journal of Sociology* 55 (1): 25-29.

Mick, H., 2005, "Linking research and teaching to benefit student learning", *Journal of Geography in Higher Education* 29 (2): 183-201.

Multon, K. D., Brown, S. D., Lent, R. W., 1991, "Relation of self-efficacy beliefs to academic outcomes: A meta-analytic investigation", *Journal of Counseling Psychology* 18 (1): 30-38.

Murphy, N., Bain, J. D., Conrad, L., 2007, "Orientations to research higher degree supervision", *Higher Education* 53 (2): 209-234.

Nelson, T. M., Buss, A. R., Katzko, M., 1983, "Rating of scholarly journals by chairpersons in the social sciences", *Research in Higher Education* 19 (4): 469-497.

Neumann, Y., 1977, "Standards of research publication: differences between the physical sciences and the natural sciences", *Research in Higher Education* (7): 355-367.

Nieswiadomy, R. M., 1984, "Nurse educators' involvement in research", *Journal of Nursing Education* 23 (2): 205-212.

Olehnovica, E., Bolgzda, I., Kravale-Paulina, M., 2015, "Individual Potential of Doctoral Students: Structure of Research Competences and Self-assessment", *Procedia Social & Behavioral Sciences*, 174: 3557-3564.

Ostmoe, P. M., 1986, "Correlates of university nurse faculty publication productivity", *Journal of Nursing Education* 25 (5): 205-212.

Overall, N. C., Deane, K. L., Peterson, E. R., 2011, "Promoting doctoral students' research self-efficacy: Combining academic guidance with autonomy support", *Higher Education Research & Development* 30 (6): 791-805.

O'Brien K. M., Malone M. E., Schmidt C. K., Lucas, M. S., 1998, *Research self-efficacy: Improvements in instrumentation.* American Psychological Association Conference, San Francisco. Cited in Forester M., Kahn J. H., Hesson-McInnis M. S., 2004, "Factor structures of three measures of research self-efficacy", *Journal of Career Assessment* 12 (1): 3-16.

O'Meara, K., Knudsen, K., Jones, J., 2013, "The Role of Emotional Competencies in Faculty-Doctoral Student Relationships", *Review of Higher Education* 36 （3）：315-347.

Paglis, L. L., Green, S. G., Bauer, T. N., 2006, "Does adviser mentoring add value? A longitudinal study of mentoring and doctoral student outcomes", *Research in Higher Education* 47 （4）：451-476.

Parker, E. B., Lingwood, D. A., Paisley, W. J., 1992, "Communication and research productivity in an interdisciplinary behavioral science research area", cited in Johnson, B. E., *Scholarly research productivity as a function of extrinsic and intrinsic motivational factors.* Ph. D diss., University of North Carolina at Chapel Hill.

Phillips, J. C., Russell, R. K., 1994, "Research self-efficacy, the research training environment, and research productivity among graduate students in counseling psychology", *The Counseling Psychologist* 22 （4）：628-641.

Platow, M. J., 2012, "Ph. D. experience and subsequent outcomes: a look at self-perceptions of acquired graduate attributes and supervisor support", *Studies in Higher Education* 37 （1）：103-118.

Roach, M., 2017, "Encouraging entrepreneurship in university labs: Research activities, research outputs, and early doctorate careers", *PLoS ONE.* 12 （02）. https://www. ncbi. nlm. nih. gov/pmc/articles/PMC5298308/pdf/pone. 0170444. pdf.

Shen, W. Q., 2018, "Transnational research training: Chinese visiting doctoral students overseas and their host supervisors", *Higher Education Quarterly* 72 （1）：224-236.

Siegfried, J. J., 1972, "The publishing of economic papers and its impact on graduate faculty ratings, 1960-1969", *Journal of Economic Literature* 10 （1）：31-49.

Sinclair, J., Barnacle, R., Cuthbert, D., 2014, "How the doctorate contributes to the formation of active researchers: what the research tells us",

Studies in Higher Education 39 （10）: 1972-1986.

Smith, R., Fiedler, F. E., 1971, "The measurement of scholarly work: a critical review of the literature", *Educational Record* 52 （3）: 225-232.

Stack, S., 2004, "Gender, children and research productivity", *Research in Higher Education* 45 （8）: 891-920.

Sternberg, D., 2014, *How to complete and survive a doctoral dissertation.* St. Martin's Griffin.

Stubb, J., Pyhalto, K., Lonka, K., 2012, "The experienced meaning of working with a Ph. D. thesis", *Scandinavian Journal of Educational Research* 56, 439-456.

Sullivan, H. S., 1953, *The Interpersonal Theory of Psychiatry*, New York: Norton.

Szymanski, D. M., Ozegovic, J. J., Phillips, J. C., Briggs-Phillips, M., 2007, "Fostering scholarly productivity through academic and internship research training environments", *Training and Education in Professional Psychology* 1 （2）: 135-146.

Tien, F. F., 2000, "To what degree does the desire for promotion motivate faculty to perform research?" *Research in Higher Education* 41 （6）: 723-752.

Tien, F. F., 2008, "What kinds of faculty are motivated to perform research by the desire for promotion?" *Higher Education* 55 （1）: 17-32.

Vaccaro, N., 2009, "The relationship between research self-efficacy, perceptions of the research training environment and interest in research in counselor education doctoral students: An ex-post-facto, cross-sectional correlational investigation", Ph. D diss., University of Central Florida.

Vincent, L., 2013, "Ph. D. students' excellence scholarships and their relationship with research productivity, scientific impact, and degree completion", *Canadian Journal of Higher Education* 43 （2）: 27-41.

Wanner, R. A., Lewis, L. S., Gregorio, D. I., 1981, "Research productivity in academia: a comparative study of the sciences, social sciences and humanities", *Sociology of Education* 54 （4）: 238-253.

Yousef, H., Behravan, H. J., 2011, "Study of factors influencing research productivity of agriculture faculty members in Iran", *Higher Education* 62 （5）: 635-647.

Zainab, A. N., 1999, "Personal academic and departmental correlates of research productivity: A review of literature", *Malaysian Journal of Library and Information Science* 4 （2）: 73-110.

Zuckerman, H., 1967, "Nobel laureates in science: patterns of productivity, collaboration, and authorship", *American Sociological Review* 32 （3）: 391-403.

附录 A
访谈提纲

1. 您所在院系（专业、实验室）的平台条件如何？

2. 您所在院系（专业、实验室）的研究氛围如何？是否有专业交流活动、出国交流机会？是否鼓励自主探究？

3. 您所在研究团队的成员之间的关系是怎样的？

4. 导师对您的指导是什么风格和方式？你觉得好的导师或者好的师生关系是怎样的？您和导师之间有什么样的故事？

5. 您对科研训练环境的总体评价如何？

6. 您对从事科研活动有多大的兴趣？当时为什么要读博？

7. 您如何评价自己的科研水平？如何评价自己在科研方面的投入？

8. 您在博士入学后，哪些科研能力得到了显著提升，哪些能力还存在不足？

9. 您是否有信心在科研领域取得成功？有无信心的原因是什么，对您的科研活动有什么影响？

10. 您未来是否会从事科研相关工作，为什么？

11. 您觉得促进或制约您科研能力、科研产出的因素（事例）有哪些？

12. 您认为学校、院系（专业、实验室）还可以做出哪些改善，来帮助博士生提升科研生产力？

附录 B
调查问卷

亲爱的同学：

感谢您付出宝贵时间参与此次问卷调查。本问卷旨在了解我国博士生在科研活动中的认知感受，您的回答将有助于我们客观分析博士生培养环境和培养质量，有助于我们在分析问题的基础上探讨推进博士生教育改革与发展的对策。我们将遵循国家的相关法律和科研伦理，对您提供的有关信息严格保密，请您放心填答！

博士生在校科研体验调查工作组

2018 年 5 月

一、请在 1~5 中选择一个数字代表您在多大程度上同意以下问题。（从 1~5 表示同意程度由低到高，1 = "完全不同意"，2 = "比较不同意"，3 = "一般"，4 = "比较同意"，5 = "完全同意"）

	1	2	3	4	5
我有合适的场所从事科研活动					
我能够获取充足的科研设备					
我能够获取充足的文献资料等图书馆资源					
我有机会申请自主科研项目，获得经费支持					
我有机会前往国内外知名高校/研究所/实验室研究学习					
我有机会和本专业领域的优秀学者交流					

续表

	1	2	3	4	5
我有机会和本专业领域以外的优秀学者交流					
我能通过学校或院系的渠道了解其他学科的研究进展					
如有需要，我可以组建或加入跨学科团队开展研究					
院系提供了很好的研讨类课程					
如有需要，我在院系能够获得导师以外的教师的指导					
研究团队（课题组/项目组/实验室/师门等）能够很好地支持我的研究工作					
导师的专业知识和技能足够支持我的研究					
导师会针对我的研究及时给出有效的意见					
导师会认真听取并尊重我的看法					
我与导师可以畅所欲言、平等交流观点					
导师会对我取得的成绩及时予以肯定					
导师鼓励我在科研活动中承担一定的责任					
导师鼓励我开展具有一定挑战性的研究					
导师扩展了我的学术视野					
导师激发了我的学术志趣					
导师帮助我融入学术共同体					
导师为我的职业生涯发展提供建议					
导师提供了充足的科研补助，使我能够全身心地投入研究					

二、您一般与导师见面交流的频次是：

1. 至少每周 1 次　　　　　　2. 平均每 2 周 1 次

3. 平均每个月 1 次　　　　　4. 平均每两个月 1 次

5. 两个月以上时间 1 次

三、您的导师目前同时指导_____名博士生？

四、您认为您的导师指导的博士生人数_____？

1. 过多　　　　　2. 适中　　　　　3. 过少

五、请在 1~5 中选择一个数字代表您在多大程度上同意以下问题。（从 1~5 表示同意程度由低到高，1 = "完全不同意"，2 = "比较不同意"，3 = "一般"，4 = "比较同意"，5 = "完全同意"）

	1	2	3	4	5
本专业的博士生培养目标与我的发展目标一致					
我清楚学位论文的要求和标准					
我清楚获取学位过程的程序（每一步要求与时间节点）					
我对博士阶段从事的主要研究方向感到清晰					
我对毕业后的职业发展路径感到清晰					
我对参与科研活动充满了兴趣					
我对目前所进行的主要研究活动（某一课题/项目/实验等）充满了兴趣					
我希望获取学位后能够继续从事科研相关职业					

六、请在 1~5 中选择一个数字代表您在多大程度上同意以下问题。（从 1~5 表示同意程度由低到高，1 = "完全不同意"，2 = "比较不同意"，3 = "一般"，4 = "比较同意"，5 = "完全同意"）

	1	2	3	4	5
我有信心能够敏锐地提出好的研究问题					
我有信心能够做出合适的研究设计					
我有信心能够熟练运用研究所需的方法或技术					
我有信心能够独立开展一项研究					
我有信心能够做出具有创新意义的研究成果					
我有信心能够解决研究中遇到的各种困难					
我有信心能够思路清晰地进行学术写作					
我有信心能够组织团队合作开展研究					
我有信心能够对他人的研究做出恰当的评论					
我有信心在公开场合谈论自己的学术观点或研究成果					
我有信心能够克服各种形式的外在干扰，专心研究					
我有信心能够严格遵守学术伦理与规范					
我有信心能够按照预期获取学位					
我有信心能够在科研活动中取得成功					

七、读博以来，您以下能力的发展程度如何？请在 1~5 中选择一个数字代表您在多大程度上同意以下问题。（从 1~5 表示同意程度由低到高，1 = "完全不同意"，2 = "比较不同意"，3 = "一般"，4 = "比较同意"，5 = "完全同意"）

	1	2	3	4	5
我运用研究方法、工具和技术的能力得到了发展					
我的专业理论知识得到了发展					
我的学术写作能力得到了发展					
我的批判性分析能力得到了发展					
我的创新创造能力得到了发展					
我管理研究项目的能力得到了发展					
我的团队合作能力得到了发展					
我的学术沟通能力得到了发展					
我更加了解了学术伦理与规范					
我扩展了专业社交网络					

八、您是否全日制学生：

1. 是　　　　　　　　　　2. 否

九、您是否定向生：

1. 是　　　　　　　　　　2. 否

十、您的入学方式是：

1. 普通招考（统一入学考试）　2. 申请-审核制

3. 硕博连读（硕转博）　　　　4. 本科直博（推荐免试）

十一、您的性别是：

1. 男　　　　　　　　　　2. 女

十二、您现在是博士生的第几年？

1. 第一年　　2. 第二年　　3. 第三年　　4. 第四年

5. 第五年　　6. 第六年　　7. 第七年或以上

十三、您所在的学科门类是？

1. 文学　　　　　　2. 历史学　　　　　　3. 哲学

4. 教育学　　　　5. 经济学　　　　6. 法学

7. 理学　　　　　8. 工学　　　　　9. 农学

10. 医学　　　　11. 管理学　　　　12. 军事学

13. 艺术学

十四、您所在的博士生培养单位是_____？（请写出您所在高校或科研机构的全称）

十五、您攻读博士学位的主要动机是（最多可选3项，需排序）：

1. 对专业的兴趣或学术的热爱　2. 导师的鼓励

3. 为了谋求更好的工作或待遇　4. 父母或亲友的期望或建议

5. 为了获得更高的学位　　　　6. 对探索新知的渴望

7. 尚未做好就业的准备　　　　8. 为了挑战自我

9. 为了实现个人理想　　　　　10. 顺其自然的选择

11. 其他：_____

十六、一般来说，您每周用于科研活动（如搜集阅读文献、调研、实验、组会、写作、学术讨论等）的时间大约_____小时？

十七、您所在院系或专业的毕业要求中，需发表学术论文共计____篇？（如无此项要求，请填0），其中限定了期刊范围的有_____篇？（如无限定，请填0）

十八、您认为关于发表学术论文的毕业要求的难度（篇数或限定期刊范围）如何？

1. 难度偏低　　2. 难度适中　　3. 难度偏高

十九、您认为关于发表学术论文的相关要求是否有助于您学术水平的提高？

1. 非常有帮助　　　　　　2. 比较有帮助

3. 有一些帮助　　　　　　4. 基本没有帮助

二十、您所在的学校或院系是否开设了有关学术写作指导的课程（或讲座、沙龙等）？您个人的参加情况如何？

1. 没有开设　　　　　　　2. 有开设且参加过

3. 有开设但没参加过　　　　4. 不清楚是否开设

二十一、在校期间，对您的学术写作帮助最大的是以下哪项？

1. 学校或院系开设的课程（或讲座、沙龙）

2. 导师的个人指导

3. 同辈的建议

4. 自己的探索

二十二、读博期间，您作为主要成员参加以下类型的科研项目情况如何：

	0 项	1 项	2 项	3 项	4 项	5 项及以上
a. 国家级项目						
b. 省部级项目						
c. 市级项目						
d. 校级项目						
e. 横向委托项目						
f. 国际合作项目						

二十三、读博期间，您的学术成果发表情况（有署名即可）：

	0 篇/项	1 篇/项	2 篇/项	3 篇/项	4 篇/项	5 篇/项及以上
a. SCI/SSCI/A&HCI/EI						
b. 外文一般期刊（除 a 以外）						
c. CSSCI 期刊						
d. 中文一般期刊（除 c 以外）						
e. 会议论文						
f. 专著或合著						
g. 授权专利						

二十四、读博期间，您在哪些类型的学术会议做过口头报告（可多选）：

1. 国际学术会议（国外/境外召开）；

2. 国际学术会议（国内召开）；

3. 国内学术会议（校外召开）；

4. 国内学术会议（校内召开）

5. 没有参加过

二十五、您毕业后希望前往的工作单位的性质是（最多可选 3 项，需排序）：

1. 行政单位（政府部门）；

2. 科研（设计）机构；

3. 高等学校；

4. 其他事业单位；

5. 社会团体或国际组织；

6. 国有企业；

7. 外企；

8. 民营企业；

9. 自主创业；

10. 其他

二十六、您毕业后希望从事的工作性质是：

1. 教学与（或）科研工作；　　2. 管理工作；

3. 专业技术工作；　　　　　　4. 其他

后 记

本书是在我的博士学位论文基础上修改完成的。从 2009 年本科入学到 2019 年完成博士学位论文，我在清华园度过了整十个年头，其间得到很多师友的教导与关怀，使我能够顺利完成学业，开启学术职业生涯。

首先，要感谢已故的袁本涛老师。自硕士研究生阶段拜于袁老师门下，近 6 年的相处时间里，点点滴滴回忆起来竟不知该从何说起。无论是治学还是为人，袁老师都是我一生追随的榜样、效仿的楷模。老师不仅引我入门，悉心指导我的学业，还关心我的个人生活，为我提供人生建议，使我得以无后顾之忧地专心研究。袁老师的谆谆教诲犹在耳畔，怎奈生欲报而师不在，唯有埋首科研、认真工作、悉心教书育人，方能不负恩师期望。

感谢李锋亮老师全程指导我的论文写作。在反复打磨论文的关键阶段，老师无论多忙，总会在第一时间反馈建议，悉心指导我如何修改并帮助我树立信心，直到我参加工作仍时常送来勉励和督促。老师严谨的治学作风和积极乐观的态度深深地感染着我，给予我无限的启迪。

感谢清华大学教育研究院刘惠琴老师、史静寰老师、林健老师、李曼丽老师、张羽老师、罗燕老师、王传毅老师、郭菲老师，以及北京大学的王顶明老师、赵世奎老师，中国人民大学的李立国老师等多位老师，还有论文的匿名评审专家提供的大量宝贵的修改建议。

感谢天津大学教育学院提供的良好工作环境与研究支持，以及社会科学文献出版社的帮助，使本书得以顺利出版。

感谢本研究调查与访谈对象的信任与支持。他们不仅为本研究提供了必要数据和材料，还在调研过程中对这一研究的价值予以充分肯定，这为我今后继续研究博士生成长与发展问题提供了源源不断的动力，本书也是回应他们对研究结果的期待。

还要感谢家人对我的理解与关爱。

幸运的是参加工作后，我仍然深耕于所钟爱的研究生教育研究领域，对博士生学术成长的研究也在继续，希望今后能够带来更多有价值的研究成果。本书内容如有错漏之处，敬请读者批评指正！

图书在版编目（CIP）数据

博士生科研生产力发展路径分析 / 李莞荷著. -- 北
京：社会科学文献出版社，2022.9
（清华工程教育）
ISBN 978-7-5228-0203-9

Ⅰ.①博…　Ⅱ.①李…　Ⅲ.①博士生-科学研究工作
-科技生产力-研究-中国　Ⅳ.①G645②F014.1

中国版本图书馆 CIP 数据核字（2022）第 099404 号

· 清华工程教育 ·
博士生科研生产力发展路径分析

著　　者 / 李莞荷

出 版 人 / 王利民
责任编辑 / 范　迎
责任印制 / 王京美

出　　版 / 社会科学文献出版社 · 人文分社（010）59367215
　　　　　　地址：北京市北三环中路甲 29 号院华龙大厦　邮编：100029
　　　　　　网址：www. ssap. com. cn
发　　行 / 社会科学文献出版社（010）59367028
印　　装 / 三河市尚艺印装有限公司

规　　格 / 开　本：787mm × 1092mm　1/16
　　　　　　印　张：12.25　字　数：174 千字
版　　次 / 2022 年 9 月第 1 版　2022 年 9 月第 1 次印刷
书　　号 / ISBN 978-7-5228-0203-9
定　　价 / 98.00 元

读者服务电话：4008918866

▲▲ 版权所有 翻印必究